No Sabía qué Decir

CÓMO SER UN ***MEJOR AMIGO*** PARA AQUELLOS QUE EXPERIMENTAN UNA ***PÉRDIDA***

DAVID KNAPP

NO SABÍA QUÉ DECIR:

Cómo Ser un Mejor Amigo para Aquellos que Experimentan una Pérdida

Por David Knapp

Título Original: I Didn't Know What to Say

Traducción: Fiorella Amer

Publicado por Grief Relief Ministries
Impreso en los Estados Unidos

ISBN 978-0-9976310-5-0

Portada diseñada por Robert Gibson
Square1 Media Group

Datos De Catalogación En Publicación De La Editorial
(Preparado por Th e Donohue Group, Inc.)

Nombres: Knapp, David, 1949- | Stephens, Don, 1945- redactor del contenido textual complementario.

Título: No sabía qué decir : cómo ser un mejor amigo para aquellos que experimentan una pérdida / David Knapp ; prólogo por Don Stephens.

Descripción: [Edición revisada]. | [Mesa, Arizona] : [Grief Relief Ministries], [2016] | Publicado originalmente en 2015. | Incluye referencias bibliográfi cas.

Identific adores: LCCN 2016911001 | I SBN 9 78-0-9976310-0-5 | I SBN 0-9976310-1-5 (digital) | ISBN 978-0-9976310-1-2 (digital)

Temas: LCSH: Knapp, David, 1949- | Consuelo. | Pérdida (psicología).

Clasific ación: LCC BF637.C54 K63 2016 (impreso) | LCC BF637.C54 (digital) |DDC 152.4—dc23

Dedicatoria

Este libro está dedicado a las mujeres de mi vida que tanto han influido en lo que soy hoy, con mucho cariño.

Merle Stanton Jones (abuela)

Merilee Jones Knapp Parker (madre)

Ruth Cox Knapp (esposa)

Judith Willard Schiffner Knapp (esposa)

Table of Contents

Índice de Contenidos

Introducción

La verdad es que nadie quiere experimentar una pérdida, dolor, angustia, decepción, pena o luto. Sin embargo, lo cierto es que todos estos elementos forman parte de la existencia humana. A todos nos ocurrirán estas cosas en algún momento. Empezando por la pérdida del entorno seguro y cálido del vientre materno hasta la noticia de que pronto dejaremos de vivir físicamente, nuestra vida tiene varios niveles y grados de pérdida.

Adaptarse a la pérdida parece ser un tema clave en la vida. Ya sea el temor infantil que supone que un pequeñín pierda su manta o que un niño ceda su puesto de bebé de la familia a un nuevo integrante, la pérdida debe ser afrontada. Cada uno de nosotros experimentará el daño emocional del dolor causado por la pérdida o la muerte de alguien o algo cercano. ¿Cómo se afronta?

Mis experiencias pueden parecer inusuales para algunas personas. Sin embargo, me recuerda la historia del hombre que fue el único superviviente de la inundación de Johnstown. Durante su vida se jactó mucho de esa distinción. Al llegar al cielo comenzó a presumir hasta que alguien le dijo: "Hay alguien aquí que debes conocer. Su nombre es Noé". Sí, siempre habrá alguien que haya pasado por más cosas. Por eso, no pierdo el tiempo alardeando sobre mis penas.

Como leerán, mi primer encuentro devastador con el dolor se produjo con la muerte de mi esposa. Tenía más de 30 años, era administrador y profesor en una universidad y tenía cuatro hijos pequeños. No sabía que un ser humano pudiera sufrir tanto. Todo era muy nuevo para mí y no tenía ni idea de que algunos de mis puntos de vista sobre el duelo que se vive estaban tan equivocados. El "agujero en mi alma" me perseguía.

La experiencia de pasar por el duelo no sólo afectó temporalmente a mi vida. Me convertí en un estudiante de lo que ocurría en mi interior (no fue fácil para aquel hombre) y a mi alrededor. Observé cómo reaccionaban los que me rodeaban ante el mismo acontecimiento y cómo se dirigían a mí. Pocos parecían comprender mejor el dolor que yo. El conocimiento que obtuve de mi investigación pronto comenzó a impulsarme a tender la mano y ayudar a otros que experimentaban una pérdida de una manera que nadie nunca lo hizo por mí.

Uno de los métodos principales para afrontar el dolor y la pérdida de terceros es la evitación. Nuestra forma predeterminada de afrontar el dolor suele ser cambiar de tema, reprimirlo, explicarlo, evitar los síntomas del dolor, tratar de superarlo o alejarse rápidamente. Como el dolor es un sentimiento tan incómodo, nuestra primera reacción es evadirlo.

Mis estudios sobre el proceso de duelo me mostraron que el dolor no sólo era normal, sino necesario. Esto también aplica a quienes forman un círculo de apoyo alrededor del doliente. El duelo es tan natural como una hemorragia cuando te cortas y se necesita tiempo y atención para curarlo. Ignorar el corte puede provocar una infección, al igual que el duelo frustrado puede causar problemas en la vida de una persona, siendo evidentes inmediatamente o más tarde. Algunos cortes requieren la ayuda de otros para ser tratados adecuadamente y, a menudo, el duelo se procesa mejor con la ayuda de amigos o familiares.

Quería ser ese mejor amigo para las personas de mi vida que pasan por el proceso de duelo.

Luego llegó la muerte de mi segunda esposa, veintidós años después. Las lecciones que había recogido de la muerte de mi primera esposa se refrescaron inevitablemente. Mis notas y observaciones adquirieron una forma más profunda y refinada.

Más de un amigo me confesó: *"No sabía qué decir"*. Cuando hablábamos y les explicaba cómo era el proceso de duelo y cómo me podían ayudar, sus respuestas eran muy positivas. Sentí una profunda necesidad dentro de mí: *"No acapares tus lecciones"*. Las solicitudes de versiones escritas de mi historia y mis lecciones aumentaron. Empecé a ver que la mayoría de las personas, ya sean amigos, familiares o profesionales, realmente querían conectar con una persona en duelo, pero el miedo, la ignorancia o la torpeza verbal les frenaban. Y al igual que en un curso básico de primeros auxilios, había cosas que se podían aprender.

Mi experiencia profesional incluye mi condición de profesor. En las siguientes páginas encontrarás esto, ya que comparto sugerencias prácticas para lidiar con diferentes tipos de pérdidas. Para el lector apresurado, hay listas que pueden resultar útiles. Todo esto surge de las lecciones aprendidas a través de mis experiencias. Es cierto que aquellos que se encuentran en la agonía del duelo encontrarán ayuda en el retrato revelador de mis propias experiencias sobre el duelo. Sin embargo, mi objetivo principal al escribir mi historia es ayudar a los demás a ser mejores amigos de quienes están pasando por un momento difícil.

"El amigo que puede estar en silencio con nosotros en un momento de desesperación o confusión, que puede permanecer con nosotros en un momento de dolor y duelo, que puede tolerar no saber... no curar, no sanar... ese es un amigo que se preocupa".

HENRI NOUWEN

CAPÍTULO 1

CUANDO ME TOCÓ VIVIR LA PÉRDIDA

En Mi Vida He Vivido Varias Pérdidas

No sabía que un humano pudiera sentir tanto dolor.

No es que nunca haya experimentado una pérdida. Mi abuelo murió cuando yo tenía seis años. Recuerdo el suceso y las emociones de los demás, pero no me sentí devastado. Sin embargo, recuerdo el dolor de mi mamá cuando mi papá murió en un accidente agrícola; yo tenía 11 años y era la mayor de cuatro hijos. El dolor de mamá se vio agravado por el nacimiento de mi hermano menor una semana después del funeral de papá, en un sombrío día de febrero. Con el bebé a su lado, ella lloraba en su cama la mayor parte del tiempo, durante mucho tiempo. Sin embargo, mi dolor no era desgarrador. No recuerdo haber llorado, lo único que está en mi mente es el recordatorio constante de que él ya no estaba allí. Su silla en la cabecera de la mesa estaba vacía, recordando las primeras palabras de mi tío después de que se llevaran el cuerpo de papá: "Qué gran responsabilidad para un chico tan joven". Había perdido a un padre y a un líder. Mis únicos sentimientos eran de vacío en mi interior y una sensación de abandono. Se había ido.

La pérdida empezó a tener un mayor impacto cuando entré en la adolescencia. Cuando estaba en el instituto tenía una perra llamada Lady, que me seguía a todas partes. Aunque era fea en apariencia, no había compañera más leal que ella. Fue muy duro cuando la atropelló un coche y tuvimos que librarla de su miseria.

Era mi mejor amiga. Me quedé mirando cómo moría y me dolió en lo más profundo.

La primera vez que experimenté una verdadera pérdida siendo adulto se produjo cuando un grupo de amigos se marchó de mi vida. Trabajaba con una organización religiosa sin fines de lucro que se especializaba en el desarrollo de grupos. Como es natural, después de pasar tanto tiempo juntos, nos hicimos muy amigos. Fue muy triste cuando se mudaron a otro puesto de trabajo. Casualmente, escuché a un miembro de nuestro equipo decir que una de las razones por las que intentaba NO estrechar lazos con sus compañeros era porque le resultaba muy doloroso cuando llegaba el momento de decir adiós. Para ella, la pérdida era demasiado grande. No estaba de acuerdo con su lógica, pero la entendía.

La mayor aflicción de mi vida hasta ese momento fue la pérdida de mi esposa, Ruth, a causa del cáncer. Me parecía tan injusto que tuviéramos que enfrentarnos a una enfermedad que ponía en peligro nuestra vida a los treinta y tantos años, pero ahí estábamos. En cierto modo, empezamos a llorar nuestras pérdidas el día que recibimos ese horrible diagnóstico. Ruth no vería a nuestros cuatro hijos graduarse de la secundaria, se perdería de conocer a sus nietos y nuestros sueños a largo plazo se habían ido, se esfumaron. Los futuros años de servicio juntos se convirtieron en una fantasía. Debido a sus tratamientos, nuestra vida normal se volvió escurridiza, y así fue. Todo este dolor se sumaba a su posible muerte física en un plazo aún por determinar. Nos propusimos vivir la vida al máximo de todas las maneras posibles.

Siete años de tratamiento, cirugías, lágrimas y esperanzas llegaron de repente a un abrupto final en el momento en que la vi dar su último aliento. Murmuré un entrecortado *"Adiós... Ruth"* y me derrumbé entre lágrimas en mi silla. El golpe fue más desgarrador que cualquier otra cosa que hubiera vivido. No sabía que un ser humano pudiera sufrir tanto. Su muerte fue en cierto modo un shock porque me había aferrado a la esperanza de pasar unos meses más con ella.

Los meses siguientes me llevaron a un proceso de duelo que era desconocido para mí. Aunque tenía la suerte de contar con un gran círculo de amigos, un equipo de trabajo increíble, el cariño de los miembros de la iglesia a la que asistíamos y una familia entregada, seguía experimentando profundos sentimientos de pérdida y vacío. La soledad agonizante, la nostalgia devastadora, la falta de mi mejor amiga y amada ocupaban cada uno de mis momentos. Me encontraba vagando por la casa como un niño pequeño buscando su chupete.

Una de las cosas que me resultaron extrañas fue la amplia variedad de formas en que la gente intentó hablar conmigo en las primeras semanas después de la muerte de mi esposa, seguida de una completa falta de conversación sobre ella o sobre su pérdida en las semanas siguientes. Era como si ella nunca hubiera existido. A menudo me daba cuenta de que la forma en que la gente respondía a mi pérdida giraba más en torno a sus necesidades que a las mías. Unos pocos que habían experimentado sus propias pérdidas acertaron. Muy pocos admitieron que *"no sabían qué decir"*.

La gente empezó a alejarse de mí a partir de la tercera semana después del funeral, cuando mi necesidad de hablar no hacía más que crecer. En realidad, habría dado cualquier cosa por que alguien me preguntara: *"¿Puedes hablarme de la muerte de tu esposa?"*. Pero nadie lo hizo.

Por eso, empecé a buscar a otras personas que hubiesen experimentado una pérdida similar, para poder hablar de mi experiencia y superar mi dolor. Uno de los motivos para buscar a otras personas era el de reconfortarlas escuchando y comprendiendo sus intercambios sinceros, a la vez que satisfacía mi necesidad de compartir sobre mi propia pérdida y proceso de duelo. Esta parte de mi proceso de duelo duró seis meses tras la muerte de mi mujer. Al final de este periodo, había olvidado o superado los efectos negativos causados por quienes me dijeron algo equivocado durante mi periodo de duelo.

Trabajar en la pérdida de mi esposa me hizo más difícil. Recuerdo haber pensado que ninguna otra cosa en la vida podía ser más dura. Ese profundo dolor había hecho que mis sentimientos por las heridas de los demás salieran a la superficie.

Afortunadamente, el año siguiente a la muerte de Ruth conocí a una maravillosa señora, viuda. Unos amigos comunes la convencieron de que asistiera a la universidad donde yo daba clases para que nos conociéramos. Desde luego, fue muy valiente al hacerlo. Este encuentro "arreglado" y aparentemente inocente me permitió sentirme fácilmente atraído por ella. Judith era la mujer más hermosa que había conocido en mucho tiempo. Fue amor a primera vista. Al año siguiente nos casamos.

El día que nos casamos, mis cuatro hijos eran adolescentes y los cuatro hijos de Judith también lo eran. Sí, mezclamos ocho adolescentes en una familia y sobrevivimos. Dejaremos para otro día el relato de esta historia de éxito.

Nunca pude prever el gran desafío que surgió un año después de nuestro matrimonio. Una política de la organización religiosa sin fines de lucro con la que trabajaba me obligó a renunciar al grupo, ¡en contra de mis deseos! Dejé involuntariamente mi puesto de liderazgo y una carrera de 20 años. Aquel desempleo repentino me pareció peor que un golpe en el estómago. Nunca había experimentado un rechazo tan profundo.

Perder mi puesto y las relaciones que había cultivado con los compañeros de trabajo se convirtió en una pesadilla emocional para mí. Parte de la razón de mi confusión interna se debía a que no reconocí estas pérdidas como algo que había que tratar a modo de "duelo". Me aguanté, me hice el valiente con toda la situación y seguí adelante con un nuevo trabajo. ¡ERROR!

Sólo Judith vio el hundimiento de mi espíritu durante los tres años siguientes. Comprendió mi silenciosa pena. Pero casi siempre sufrí solo, sin querer que ella o los niños soportaran mi dolor. De vez en cuando, cuando estaba solo, experimentaba repentinos arrebatos de dolor. Pero atribuía erróneamente esos ataques emocionales al duelo existente por la muerte de mi primera esposa. No siempre fue así.

Mi gran fe en Dios me dio la fuerza para continuar.

Los 20 años siguientes fueron de muchos éxitos, tanto laborales como familiares. Judith y yo nos mudamos dos veces más por motivos de ambos indoles, y acabamos en Arizona tras la muerte de su madre.

Al año siguiente empezamos a preocuparnos por la salud de Judith. Ambos intuíamos que algo iba mal, pero no queríamos considerar la peor posibilidad. Cinco años de cambios de médicos y muchas pruebas revelaron finalmente un gran tumor en el páncreas. Para cuando los médicos y las pruebas dieron con el culpable, el tiempo para un tratamiento exitoso se había agotado.

Judith se fue de este mundo el mismo mes que mi primera esposa, 22 años después.

Comenzó otro proceso de duelo profundo. Algunos me preguntaron si me resultó más fácil o más difícil la segunda vez. ¿Mi respuesta? Fue más difícil. Sólo pasaron tres meses desde el pronóstico hasta el fallecimiento. Durante ese tiempo, Judith y yo lloramos juntos, intensa e intencionalmente, su inminente muerte. Además, invitamos a cada uno de nuestros ocho hijos y a sus familias (24 nietos) a que vinieran a acompañarme para decir "adiós" a su madre y abuela. Cada visita hacía más evidente la realidad de que Judith nos dejaba y no había nada que pudiéramos hacer. El proceso dolió más allá de lo imaginable, pero también jugó un papel enorme en todos nuestros esfuerzos por recuperarnos en los meses siguientes.

Al igual que en el pasado, conté con el apoyo de un maravilloso círculo de amigos y familiares. Nuestro grupo de la iglesia cuidó de nosotros en gran medida durante más de tres meses. Pero, también como antes, ni siquiera esas expresiones de apoyo pudieron llenar el vacío que desgarraba mi espíritu: la echaba de menos. Sólo el tiempo y el proceso de duelo sanarían el dolor que su ausencia dejó en mí. Esta vez, no sólo me enfrenté a una cama vacía, sino también a una casa vacía. La soledad era ensordecedora. Y tal como antes, noté a quienes me admitieron honestamente que *"no sabían qué decir"*.

En un esfuerzo por ayudar a los muchos amigos y conocidos que expresaron este sentimiento de inquietud de buena voluntad, me volví muy abierto para hablar con ellos sobre mi proceso de duelo. Se hizo evidente que mis explicaciones abrieron su comprensión sobre la experiencia del duelo, aclarando las formas en que podían ayudarme a mí y a los demás a través de su discurso y sus acciones.

Sólo puedo expresar lo que sé y he experimentado. Aunque soy un profesional, no puedo cuento con una formación oficial para tratar a todas las personas en cualquier tipo de duelo. Mis declaraciones provienen únicamente de mis propias vivencias y de conversaciones con otras personas. Recomiendo que quienes parecen estar en estados físicos y emocionales más allá del diálogo común, sean remitidos a la ayuda profesional.

Espero que las siguientes reflexiones y sugerencias te sean útiles para ayudar a tus compañeros de trabajo, amigos y familiares que están experimentando sus propias pérdidas. Quizás algo de lo que encuentres en las siguientes páginas te ayude a ser un mejor amigo o ser querido en un momento de dolor.

« Punto de reflexión »

Los comentarios de consuelo no deben estar orientados a "arreglar" el problema del duelo para los afligidos.

✓ QUÉ DECIR
× QUÉ NO DECIR

- ✓ **Estoy seguro de que tu pérdida es algo muy difícil de superar.**
  - × *¡Contrólate!*
- ✓ **Siempre le recordaré.**
  - × *No quiero hablar de los muertos. Hablemos de los vivos.*
- ✓ **¿Necesitas que alguien te acompañe a elegir un ataúd o una lápida?**
  - × *Sé por lo que estás pasando. Una vez perdí un gatito*
- ✓ **¿Podemos ir a dar un paseo el domingo por la tarde y charlar?**
  - × *Necesitas alejar por completo tu mente del dolor.*
- ✓ **Cuéntame algo especial sobre tus primeros días con él/ella.**
  - × *Deberías estar agradecido de que haya dejado de sufrir.*

"El que es tu amigo de verdad, te ayudará en tu necesidad: Si te afliges, él llorará; si tú te despiertas, él no podrá dormir; así, de toda pena en tu corazón, él cargará una parte contigo."

RICHARD BARNFIELD

CAPÍTULO 2

CUANDO SE PRODUCE EL DUELO

Algunos aspectos básicos sobre el proceso de duelo

¿Qué me pasa? Es como si hubiera perdido el control de quién soy.

Vaya, sí que tenía mucho que aprender. Tenía que reconsiderar lo que pensaba sobre el proceso de duelo. Mis ideas erróneas impregnaban mi experiencia, mi actitud y mi pensamiento. Tenía que admitir que mi forma de ver el duelo era errónea. En lugar de ver el proceso como un medio para añadir fuerza, lo había visto como una debilidad. Pero ahora, cuando escucho una verdad o un concepto perspicaz o profundo, me pregunto qué pérdida experimentó el autor para aprender eso. En lugar de ver el duelo como un proceso hacia la curación, había llegado a la conclusión de que era un acontecimiento que había que "superar".

Una de las motivaciones que tengo para escribir este libro surge del gran número de personas que me han confesado que "no sabían qué decir". Nuestra sociedad ha recopilado grandes volúmenes de información sobre cómo ayudar a otras personas que experimentan problemas físicos, desde un resfriado común hasta una pierna rota. Sin embargo, cuando se trata de tratar un corazón roto nos quedamos en blanco y a menudo nos alejamos.

Sin embargo, nuestras emociones forman parte de lo que significa estar vivo tanto como nuestros cuerpos físicos. Sin duda, la vida y las pérdidas nos obligan a desarrollar la habilidad de superar las dificultades que pueden afectar negativamente a nuestros sentimientos.

EL CORAZÓN VS. LA MENTE

Comprender algunos de los aspectos básicos del proceso de duelo (por ejemplo, un corazón roto) puede ayudarnos mucho para saber qué decir a quienes se enfrentan a las pérdidas que la vida les depara. La lista de pérdidas que merecen ser clasificadas como "lamentables" es mucho más amplia de lo que muchos reconocen. La siguiente recopilación no está completa en absoluto, pero puede ampliar el alcance de nuestra comprensión:

- Muerte de un cónyuge
- Muerte de un familiar o amigo
- Muerte o pérdida de la custodia de un hijo
- Muerte de una mascota querida
- Matrimonio o divorcio
- Pérdida de una amistad
- Mudanza a una nueva comunidad
- Etapas del "nido vacío"
- Jubilación
- Pérdida de un trabajo o de un puesto
- Pérdida de la salud
- Cambios financieros importantes
- Adicciones
- Problemas legales
- Empezar o terminar los estudios

Algunos mirarían mi lista parcial y dirían: "Bueno, ¿no es todo eso parte de la vida?". Sí, lo es. Ese es exactamente el punto. Todos hemos experimentado y experimentamos la pérdida como parte de la vida cotidiana. Sin embargo, no siempre afrontamos bien el proceso de duelo. Los efectos negativos de un duelo no gestionado pueden ser un obstáculo para nuestras emociones y nuestro espíritu.

Las ideas erróneas sobre el proceso de duelo son diversas. He aquí algunas de las que he tenido que superar. Estoy seguro de que te sentirás identificado con algunas de ellas.

EL DUELO NO ES MALO

Mi mayor error se debía a la actitud de que el duelo era algo negativo y que demostraba debilidad. Me atrevería a decir que lo veía como un pecado. Una de las cosas que puede haber contribuido a esta actitud incorrecta puede deberse a que vi a mi abuela lidiar con el duelo de mi madre tras la muerte de mi padre.

Un acontecimiento importante ocurrió sin previo aviso. La abuela se presentó en nuestra casa sin previo aviso. Mi mamá, como venía ocurriendo desde hacía dos semanas, seguía en la cama a mitad del día con un recién nacido en el pecho. La casa estaba desordenada por las actividades desatendidas de otros cuatro niños. En lugar de preocuparse, mi abuela le gritaba a mi madre exigiéndole que se levantara de la cama y dejara de lamentarse. Ella obedeció y ese acontecimiento emocional dejó en mi joven corazón la impresión de que mi madre estaba haciendo algo mal. (Más información en el capítulo 4.)

Mi abuela podría haber conseguido lo mismo simplemente limpiando la casa y luego hablando con mi madre. Podría haberle dicho cosas reconfortantes como: "Debes estar sufriendo mucho en este momento. Deja que te ayude para que puedas volver a ponerte de pie. Ven a sentarte en esta silla y dale de comer al bebé mientras te hago la cama".

EL DUELO ES NORMAL

Darme cuenta de que el duelo es una respuesta normal y saludable a la pérdida me permitió afrontar el proceso y aceptar las características del duelo como algo bueno y correcto. Doy las gracias a un par de mentores que me acompañaron tras la muerte de Ruth. Me mostraron el valor de dejarse llevar por el proceso en lugar de resistirse a él. En primer lugar, me di cuenta de que el dolor es simplemente el reconocimiento emocional de la pérdida. Es sobre todo un problema del corazón y no un reto mental.

Los comentarios cliché como "tienes que ser fuerte" o "Dios no nos da más de lo que podemos soportar" suelen alimentar la idea errónea de que el duelo es negativo y malo. En lugar de insinuar que la gente lucha contra sus heridas, puedes ser más comprensivo con comentarios como: "siento que te haya pasado esto" o "debes estar sufriendo (o debes echarle de menos) mucho en estos momentos".

CADA QUIEN VIVE SU DUELO DE FORMA DIFERENTE

Al escuchar a otros hombres que habían pasado por la pérdida de sus esposas, me di cuenta de que las personas pasan por el proceso de duelo de manera diferente. Incluso lo vi en mí mismo. Descubrí que había diferencias en la forma en que viví mi duelo tras la muerte de Ruth, en comparación con la forma en que experimenté el duelo tras la muerte de Judith. Al revisar qué era diferente y por qué, se hizo evidente que muchos factores no eran los mismos: yo era mayor, ya no tenía niños en casa, ya había pasado por esto antes y hablé con más gente sobre el tema la segunda vez. Hay muchas cosas que pueden afectar la forma en que una persona atraviesa el proceso de duelo. Algunas de ellas son:

- La personalidad de la persona en duelo
- La relación entre el doliente y la persona perdida
- La forma en que se produjo la pérdida, ya sea a lo largo del tiempo o de forma repentina
- Las habilidades de afrontamiento del doliente y la estabilidad de su salud mental
- El grupo de apoyo disponible
- La cultura y la perspectiva religiosa del que ha sufrido la pérdida
- La situación social y económica en la que se encuentra o llega a partir de la pérdida
- La edad del doliente

UN PROCESO, NO UN EVENTO

Otro descubrimiento importante para mí fue aceptar que el duelo es un proceso y no un evento. Mi mentalidad era la de vivirlo como un acontecimiento, arreglarlo y seguir con mi vida. Pero no es así. A medida que las olas de emoción seguían surgiendo mes tras mes, me di cuenta de que, poco a poco, iba dejando atrás mis penas con cada "primer" acontecimiento de la vida tras la muerte de mi mujer. Las primeras vacaciones, la primera vez que llegaba su cumpleaños, la primera vez que veía a amigos comunes sin ella y el primer aniversario de boda. Todos estos fueron eventos en el proceso que requirieron tiempo para suceder y sanar.

No se debe insinuar que la persona que está de luto debe "salir de ahí" rápidamente. Comentarios como "esto ya ha quedado atrás" y "es hora de seguir con tu vida" implican precisamente eso. Los comentarios prematuros en ese sentido pueden hacer más daño que bien. Escuchar atentamente a los afligidos durante el primer año de la pérdida puede revelar qué comentarios les ayudarán más. Hay que tener cuidado con los acotaciones que empiezan con "deberías" o incluso "tendrás". Sería mejor hacer afirmaciones como: "No estoy seguro de qué decir, pero quiero que sepas que me importa".

Viví el restablecimiento de una nueva identidad tras perder mi trabajo y mi puesto. Tuve que reconstruir un nuevo grupo de amigos y un nuevo estilo de vida después de mudarnos como familia al otro lado del país. Todo es un proceso y no un acontecimiento.

UNA RESPUESTA EMOCIONAL NATURAL

Llegué a ver el dolor como una condición emocional que es tan natural como sangrar tras una cortada. Como hombre, al principio me costó reconocerlo. Recuerdo que cuando era más joven pensaba que si los padres de mi mujer morían, ella lloraría mucho. Me empeñaba en pensar que mis emociones se "limitarían" a un par de lágrimas.

Pero cuando vi a Ruth dar su último suspiro, de repente me invadió una emoción que no sabía que era posible. Me controló por completo durante un tiempo. Mi corazón estaba roto y era tan real como cualquier otro dolor humano.

Lógicas mentales como "Fíjate en lo que tienes que agradecer" o "Ella está en un lugar mejor" no hacían nada por mi dolido corazón. Encontré más consuelo en comentarios como "Yo también la echo de menos".

SENSACIÓN DE DESESPERANZA

Desesperanza es una palabra que describe con precisión el dolor del duelo. La incapacidad de revertir la pérdida puede ser devastadora. No podía resucitar a mi mujer de entre los muertos. No podía recuperar mi puesto y mi trabajo. No podía recuperar el dinero que había perdido en un negocio. No podía traer a mis amigos de vuelta a mi vida después de que se mudaran. Las cosas estaban fuera de control y era aterrador.

Saber qué decir cuando se ayuda a un afligido que se siente desesperado depende de las circunstancias y del momento. En muchos casos, hay que asegurar que los tiempos serán mejores en el futuro y que esta dificultad pasará. Otras veces lo mejor sería decir: "debe dolerte mucho estar pasando por esto ahora".

Comentarios que minimizan o disimulan la pérdida son de poca ayuda para el doliente, especialmente en los momentos cercanos a la pérdida. "Las cosas irán mejor", "Siempre puedes tener otro hijo", "Conseguirás otro trabajo" o "Encontrarás otra esposa" son palabras que no ayudan a calmar el corazón roto. Un simple "lamento tu pérdida" es mejor que intentar predecir el futuro.

EL DUELO ES SOBRE EL DOLIENTE

El proceso de duelo se trata del **dolor del doliente** y **no de la persona perdida**. Intenta identificarte con la pena por la que está pasando el doliente en lugar de ocuparte lógicamente de la persona (o cosa) perdida. Nadie sabe realmente cómo se siente la otra persona o cómo es su experiencia. Podemos ser de gran ayuda si nos centramos en ayudarles a identificar y, a menudo, a expresar sus sentimientos con el objetivo de sanar y vencer.

Un comentario que realmente puede enfurecer a un doliente es "Sé cómo te debes sentir". ERROR. Incluso si uno ha experimentado una pérdida similar, realmente no sabe con exactitud cómo se siente la otra persona. Habrá variables desconocidas que pueden afectar a la forma en que una pérdida se apropia de otra persona. Evita las comparaciones para minimizar su dolor. Reconocer su dolor es más útil que intentar redefinir el tuyo.

SE NECESITA TIEMPO

El proceso de duelo requiere tiempo. Tanto los afligidos como los que les ayudan deben tener en cuenta este factor. Sin embargo, la cantidad de tiempo necesaria varía mucho de una persona a otra. Muchas personas me aconsejaron que no tomara ninguna decisión importante durante 12 meses. Puede ser una afirmación generalizada, pero no es conveniente exigírselo a todos los dolientes. Algunas personas trabajan intensamente en su proceso de duelo a los pocos meses, mientras que otras necesitan años. Cuando intentes ayudar a alguien que ha sufrido una pérdida, procura no predeterminar un plazo de tiempo para ellos.

En lugar de decir: "Entonces, ¿estás mejor ahora?" o "Parece que te estás recuperando", pregunta a tu amigo en duelo: "¿Cómo te va hoy?". Esto dará más espacio a los altibajos del proceso sin hacer que se sientan mal por tener un mal día.

Es cierto que el tiempo cura al doliente. Cuando se procesa bien, el duelo llega a su fin. Puede haber un cierto consuelo al saber que el dolor que se siente hoy no será para siempre. También es cierto que el tiempo no borra por completo los recuerdos, ni siquiera un poco la tristeza.

Esa verdad me la compartió un total desconocido unas semanas después de la muerte de Ruth. El dueño de la tienda evidentemente se estaba acercando a su jubilación. Su actitud amistosa hizo que fuera fácil compartir la reciente experiencia de mi pérdida. Al escuchar mi historia, se limitó a mirar por la ventana y a recordar la muerte de su mujer diez años atrás. "Sí", continuó, "nunca se supera realmente la pérdida. Sólo que el dolor y los recuerdos difíciles se desvanecen con el tiempo".

Es interesante observar que la Biblia incluso relaciona el luto con el tiempo. "Todo tiene su momento oportuno; hay un tiempo para todo lo que se hace bajo el cielo... Un tiempo para llorar, y un tiempo para reír; un tiempo para estar de luto, y un tiempo para estar de fiesta". Nueva Versión del Rey James, Eclesiastés 3.1, 4.

ACCIÓN REQUERIDA

El tiempo no es suficiente para procesar el dolor. Sin embargo, hay etapas que no se pueden ignorar del todo para siempre. Se necesitan acciones para que un día se pueda salir victorioso del pozo de la desesperación. No procesar bien el dolor es como estornudar tapándose la nariz y cerrando la boca. Es posible que algo más explote.

Un paso que me costó dar fue el de experimentar todas las "primeras veces" tras la muerte de mi mujer. Entre ellas, la primera vez que veía a mis amigos desde mi pérdida, las primeras veces de cada fiesta importante, el primer día de primavera, el primer evento social, la primera vez que iba a lugares familiares, el primer aniversario de su partida e incluso la primera vez que comía con mi familia después del funeral de mi mujer. Ser capaz de experimentar un ciclo de un año, y pasar por todas las "primeras veces", posiblemente sea una de las razones por las que generalmente se promueven los doce meses en el proceso de duelo.

También tuve que procesar el alcance de mi pérdida. Para muchos, asumir la magnitud de su pérdida se convierte en uno de los pasos más difíciles. La vida tal y como uno la conoce se ha detenido. Los cambios derivados de la pérdida, como la ayuda en las tareas domésticas, la compañía, la intimidad o la ayuda en la toma de decisiones, pueden requerir tiempo y esfuerzo. Para identificar estas necesidades y los cambios requeridos, es preciso mantener largas conversaciones que ayuden a diseccionar los detalles de la pérdida. Por lo tanto, el duelo puede tener varias capas y hay que pelarlas como una cebolla.

A menudo, identificarse con las luchas de los afligidos sólo puede lograrse estando con ellos. "Llámame si hay algo que pueda hacer", sólo confunde al doliente. Nunca te llamarán. En primer lugar, podrían sentirse "débiles" si admitieran su necesidad. En segundo lugar, a menudo no están pensando con la misma claridad que de costumbre, lo que hace que una simple llamada a un amigo para pedir ayuda sea una tarea imposible. Te sugiero que te presentes en su casa (o que llames por teléfono) y digas: "He estado pensando en ti y pensé que debía pasarme".

Con la pérdida de mi esposa, necesitaba darme cuenta de que había perdido algo más que un miembro de la familia. Perdí a mi amante. Perdí a mi mejor amiga. Perdí todos los sueños para el futuro que teníamos. Perdí mi conexión con ciertos amigos. Perdí una relación de intimidad. Cada una de estas pérdidas requería un ajuste por mi parte. Me sentí como si alguien hubiera destrozado la casa de Lincoln Log que había construido a lo largo de los años y ahora tenía que reconstruirla. Pero faltaban muchas de las piezas principales.

VOLVER A VIVIR

Los días posteriores a una pérdida pueden ser borrosos o incluso confusos, pero la vida continúa. Un amigo, Michael, lo describió así. "Entonces, ¿cómo se vive, cómo se sobrevive? Primero te centras en los "deberes". Tengo que trabajar. Tengo que ducharme. Tengo que comer. Tengo que mantener la casa. Tengo que cuidar de los demás en el hogar que están sufriendo tanto o más que yo. Tengo que abrazarlos, consolarlos. Centrarme en ayudarles a superar esto, mientras lidio con la realidad de que una parte tan grande de nuestras vidas nos ha sido arrancada. Durante un tiempo es lo único que hay. Los momentos de bajón son los peores. Llegan la pena, el luto, el dolor, las lágrimas. Mi dolor, el dolor de mis hijos, el dolor de todos los que sienten la pérdida parece abrumador. Hay que centrarse en las cosas que importan; las que marcan la diferencia. Las canciones de la radio que cantaban juntos vuelven a hacer brotar las lágrimas. La vida nunca será igual".

EL DUELO Y LA IDENTIDAD

Las personas responden de manera diferente al tener que afrontar de repente el estigma o la identidad de ser quien ha experimentado una pérdida. Asumir el título de viudo en vez de casado, de desempleado en vez de tener un trabajo, de sin techo en vez de tener una vivienda segura, de soltero de nuevo en vez de casado, o incluso de sin hijos en vez de abrazar a un bebé se convierte en una lucha en sí misma. Esta nueva identidad es necesaria para liberarse completamente del dolor del suceso. Puede ser parte del proceso hacia la libertad.

El pastor de la iglesia a la que asistíamos fue un gran consejero para mí durante los siete años de enfermedad de Ruth y su muerte. A menudo iba y le contaba todo lo que estaba pasando. Una vez, justo antes de que ella muriera, me encontraba en su despacho repasando los acontecimientos de la semana. Los médicos la habían enviado a casa desde el hospital para que muriera. Él sintió que yo estaba a punto de explotar, pero no podía. Me dijo con sabiduría y cariño: "David, Ruth se está muriendo". Su afirmación de esa cruda y terrible verdad liberó mis emociones. Encontré que ese reconocimiento era necesario para ayudarme a procesar mi pérdida después de su muerte.

Sin embargo, hay que procesar bien la nueva identidad que exige la pérdida. Recuerdo haber observado la respuesta de mi madre a ser "la pobre viuda" con cinco hijos. Llegó a disfrutar de la lástima que le ofrecía esa identidad. Llegó a ser muy buena recordándole a la gente que era viuda para que posiblemente se compadecieran de ella. Esto se convirtió en un obstáculo para su curación.

En cambio, recuerdo el día en que, unos tres meses después de la muerte de Judith, sentí que empezaba a aceptar mi soltería. Parece que desde el momento del funeral de Judith hasta ese día, no podía contentarme con dejar reposar una conversación con alguien que no me conociera hasta que le hiciera saber el hecho de que había enviudado recientemente. La identidad de ser un viudo reciente me tenía cautivo. Entonces, una noche, estaba en un concierto y entablé conversación con el caballero que se sentaba a mi lado. Cuando llegué a casa me di cuenta de que ni siquiera había mencionado nada sobre mi reciente viudez. Simplemente era yo, un hombre soltero. Me sentí liberado.

La persona se enfrenta ahora al reto de construir una nueva identidad, de empezar de nuevo. Esto puede dar miedo. Requiere un esfuerzo. Tiene que redefinir quién es ahora, después de la pérdida. Esto puede incluir cosas como hacer nuevos amigos, ajustar su calendario social, tal vez visitar lugares y personas que no haya visto antes, e incluso puede significar cambios en el vestuario o la decoración que refleje lo que es ahora. A menudo, parte de la lucha es superar la pregunta: "¿Mi ser querido lo aprobaría?" o "¿Estoy siendo desleal al cambiar?".

A medida que el doliente pasa por esta parte del proceso, puedes ayudarlo cambiando la naturaleza de sus preguntas. En lugar de preguntarle cómo está llevando la pérdida de su ser querido, hazle preguntas específicas sobre sus vidas. Por supuesto, hablar de su ser querido siempre es conveniente para su curación. Con el tiempo, hacer preguntas específicas sobre ellos será útil para que establezcan una nueva identidad. "¿Qué tipo de música te gusta en estos días?" o "¿Te gustaría salir con algunos amigos este viernes?" pueden ser iniciadores. Una pareja de mi iglesia me preguntaba regularmente qué películas me gustaban últimamente. Me ayudó el hecho de que me preguntaran sobre MÍ y sobre quién era yo ahora.

EL DUELO DUELE

Puede parecer que no hace falta decirlo: El duelo duele. Sin embargo, no sabía realmente cuánto duele de verdad hasta que lo experimenté en primera persona. El dolor del doliente proviene de lo más profundo de su ser. No se puede arreglar rápidamente, ni debemos pensar que "no están bien" cuando este dolor aparece.

Seis meses después de la muerte de Judith, me invitaron a comer con un capellán de un centro de cuidados paliativos que había perdido a su mujer casi al mismo tiempo que yo. Alguien que me conocía y me veía semanalmente le había dicho que necesitaba hablar porque no estaba "manejando bien las cosas". Al final de aquella comida de dos horas, el capellán se recostó en su asiento y admitió: "Pedí reunirme contigo hoy porque escuché que no estabas bien. La verdad es que tú me has ayudado muchísimo. Gracias".

Me hizo preguntarme por qué este otro amigo que me veía más a menudo pensaba que no estaba manejando bien las cosas. Al repasar nuestras visitas, me di cuenta de lo que había pasado. El amigo que me veía semanalmente era testigo de que me derrumbaba con facilidad y regularidad en público. Llegó a la conclusión, aunque inexacta, de que eso debía significar que no me iba bien. En realidad, como tenía la libertad de mostrar mis ocasionales momentos de dolor, lo estaba haciendo muy bien en términos de trabajo a lo largo del proceso.

Otra cosa importante para entender el duelo y el dolor es la verdad de la afirmación de que "la gente que sufre lastima a los demás". Mientras te esfuerzas por ayudar a los que sabes que están de duelo, por favor, dales espacio para que se expresen. A veces, en los arrebatos de dolor pueden herir a otros. Puede que ni siquiera sea intencionado. Un corazón comprensivo y una palabra cortés y oportuna serían mucho mejor que juzgar, criticar o alejarse de ellos.

NO HAY UNA SOLUCIÓN RÁPIDA

La lista de comentarios útiles y no tan útiles que escuché durante el velatorio y los funerales de mis dos esposas es confusa. Muchos provenían de un esfuerzo por "arreglar" o ayudar a aliviar mi dolor. Si alguien no siente que tiene tal expresión, siente que "no sabe qué decir". El duelo no tiene una "solución rápida". El duelo sólo necesita ser escuchado e identificado, en la mayoría de los casos. Escuchar es mejor que hablar. Las declaraciones de la pérdida son mejores que la lógica del por qué o los resultados de la pérdida.

NO HAY UNA LISTA PRESCRITA

Por mi personalidad, me gusta la previsibilidad y las listas. Me frustraba cuando oía a otros describir su experiencia y notaba las diferencias. Me preguntaba si era yo o ellos los que se estaban saltando algo. Finalmente llegué a la conclusión de que, aunque existen patrones de duelo, no existe una lista definitiva de cosas por las que todo doliente debe pasar para procesar bien su pérdida.

Esto ayuda a explicar por qué algunas personas se preguntan si realmente lo están haciendo bien si no han experimentado una determinada cosa (es decir, ira, culpa, culpabilidad, "¿por qué?", etc.). Conocer posibles sentimientos como estos puede ser útil para identificar lo que una persona está viviendo y aceptarlo. Sin embargo, utilizar una serie de expectativas como lista de verificación, y menos aún juzgar a una persona por lo bien que lo está haciendo, puede generar una tensión indebida en la relación al añadir expectativas erróneas.

LA FE PUEDE SER CUESTIONADA

Hace poco me entrevistaron vía Internet para un programa de tertulia online. Durante la entrevista, un espectador me envió un mensaje de texto: "¿Cómo manejaste la pregunta "¿Por qué Dios?"? Me doy cuenta de que a menudo ésta es una de las primeras preguntas que hacen los dolientes. Mi respuesta no fue la que algunos hubieran esperado. (Véase la respuesta completa en el capítulo 12).

Nuestra visión del mundo, especialmente en lo que se refiere al lado espiritual del hombre, tiende a emerger durante los momentos de pérdida por muerte. Las preguntas de "por qué" sacan a la luz creencias fundamentales, o la falta de ellas, en relación con las vivencias humanas básicas, desde el "origen" hasta el "propósito" y las "conclusiones" que rodean la existencia humana. Los dolientes suelen expresar sus preguntas en medio de su dolor. Este tema puede ser una fuente de consuelo para muchos, y una fuente de angustia para otros. Tu sensibilidad hacia el doliente en esta área es crucial para ayudarle a procesar y avanzar hacia la superación.

« Punto de reflexión »

El duelo es el reconocimiento de una pérdida emocional. Es sobre todo un problema del corazón, no un desafío de la mente.

✓ QUÉ DECIR
× QUÉ NO DECIR

✓ **Es muy bueno que tengas la libertad de llorar/ expresar tus sentimientos.**

× *Tienes que superar esto.*

✓ **No, no estás loco. Estás sufriendo y está bien. Esto pasará.**

× *Sé EXACTAMENTE cómo te sientes.*

✓ **Me doy cuenta de que esto debe ser difícil para ti.**

× *Llámame si necesitas algo.*

✓ **Entonces, ¿cómo te sientes hoy?**

× *Déjame decirte lo que tienes que hacer.*

✓ **Entiendo que te sientas así... y está bien.**

× *No puedes recuperarlo. Dios tiene el control.*

"Mientras la pena está fresca, todo intento de distracción sólo irrita. Debes esperar a que sea digerida, y entonces la diversión disipará los restos de ese dolor".

SAMUEL JOHNSON

CAPÍTULO 3

CUANDO LA MUERTE ME ROBÓ A MI ESPOSA - DOS VECES

Mi experiencia personal al perder a dos esposas

Además de la simple pérdida de un miembro de la familia, cuando muere un cónyuge se pierde una relación amorosa. Esto puede ser un obstáculo más difícil de superar que la simple y trágica pérdida de una vida. Para mí, esta parte de la pérdida me llevó a un nivel de dolor más profundo que el de simplemente echar de menos a un ser querido.

"Él (ella) era el amor de tu vida. Debe dolerte mucho ahora", es una afirmación mejor que "Debes seguir adelante". Que un amigo o familiar reconozca el amor perdido ayuda a que el doliente se sienta comprendido.

UN AMOR CONSOLIDADO

"Hasta que la muerte nos separe..." repetía. Esas palabras parecían resonar en toda la enorme capilla de la universidad tras mi promesa y luego la de mi novia. Los testigos de nuestra boda permanecían sonrientes. Nuestros padres estaban sentados con una mirada orgullosa. Sin embargo, la verdad es que yo sólo veía esos votos como un símbolo de compromiso. No creía que fuera a experimentar esa parte de esas importantes palabras, y mucho menos que lo haría dos veces.

Ruth y yo nunca habíamos sido tan felices como aquel exquisito día de julio. Las pocas personas reunidas eran la familia y los amigos que podían viajar a la escuela en el Medio Oeste para este importante evento. Elegimos a propósito la capilla del campus porque "requería" que ambos lados de la familia viajaran y no favorecía a uno sobre el otro con la conveniencia de no tener que viajar. En realidad, estábamos tan enamorados y comprometidos el uno con el otro que no nos importaba quién más estuviera allí además de nosotros.

UN AMOR DESARROLLADO

Nuestra relación se había desarrollado profundamente durante los cuatro años anteriores. Nos conocimos en una gran conferencia de estudiantes en nuestro primer año de universidad. Sin embargo, el reto fue desarrollar nuestra relación a kilómetros de distancia. Yo estaba en una escuela en Kansas City, Missouri, mientras que Ruth estaba en la escuela de enfermería en Washington, DC. No obstante, ese obstáculo se convirtió en una fuente de fortaleza para nuestra relación.

Los tres primeros años de nuestra relación se produjeron a través de cartas y ocasionales llamadas telefónicas de larga distancia. Digo que esto fortaleció nuestra relación porque nos obligó a ambos a expresar nuestros deseos, sentimientos y creencias por escrito, sin la distracción del ámbito físico. Recuerdo que muchas veces tuve que "encontrar" algo para escribirle. Eso fue un gran impulso para mi acercamiento hacia ella, tanto emocional como mentalmente. Mi corazón estuvo a punto de estallar el feliz día en que Ruth me dijo "¡Sí!" y se trasladó a la misma escuela a la que yo asistía durante el año de nuestro compromiso. Nuestra boda se convirtió en el punto más importante de nuestras vidas hasta ese momento.

Una vez casados, para mantener nuestro crecimiento juntos, pasamos cada uno de nuestros aniversarios de boda -a solas- discutiendo el "estado de nuestra unión".

UN AMOR EN RIESGO

Pero llegó el día en que temí aquel suceso. Fue el verano siguiente al diagnóstico de cáncer de Ruth, las operaciones, la quimioterapia y nuestra pérdida de "normalidad". Esos acontecimientos resultaron ser el mayor desafío para nuestra relación hasta la fecha. Hasta ese momento nuestro amor había sido un dar y recibir mutuo. Ahora Ruth estaba tan agotada física y emocionalmente que, literalmente, no le quedaba nada que dar, ni a mí ni a nuestros cuatro hijos pequeños.

Sin embargo, como de costumbre, me puse a su lado y me hice cargo de todas las tareas domésticas, la protegí del mundo exterior y también cumplí con mis obligaciones docentes y administrativas en la universidad. Así que todo fue bien durante unas semanas, hasta que empecé a desgastarme emocional y físicamente. Finalmente, por primera vez, sentí que nuestra relación estaba cambiando. Esa sensación me dolió. Ruth ya no podía contribuir a nuestra relación como antes. Y, con total honestidad, me cuestioné mi amor por ella, simplemente porque las cosas parecían ser unilaterales por primera vez.

CULPA ABRUMADORA

La culpa fue otro factor que se sumó a mi duelo por la pérdida de la normalidad. Lo más probable es que fuera porque me veía actuando en nombre de Ruth por obligación y no por devoción. Seguí entregándome a ella física y emocionalmente a pesar de que no podía corresponderme como antes. Me dolía.

Durante esos días difíciles, recuerdo haber pensado que *si una persona más me pregunta cómo está mi mujer sin ninguna preocupación evidente por mí, acabaría recibiendo una bofetada.* Finalmente, un amigo cercano condujo una larga distancia para venir a verme. Cuando llegó, empecé a darle la información habitual sobre Ruth y me detuvo. "He venido a ver cómo estás TÚ. Sé que Ruth está recibiendo buenos cuidados. ¿Y tú?", respondió.

Lloré.

Las cosas empezaron a ser un poco más positivas para ambos a partir de eso. Ruth se recuperó de los efectos de los tratamientos y mi espíritu encontró la fuerza de Dios. Sin embargo, empecé a temer por nuestro aniversario en julio. ¿Cómo se tomaría el oírme admitir que había dudado de mi amor por ella? ¿Se alejaría y se deprimiría?

Llegó el temido día de nuestra conversación anual sobre el "estado de nuestra unión" y, efectivamente, Ruth me preguntó cómo había estado durante los días más duros de aquel invierno. Dudé en compartir con ella abiertamente cómo había luchado y cómo Dios me encontró. Ella simplemente dijo: "Me lo imaginaba. Está bien".

Los seis años siguientes fueron una montaña rusa emocional de esperanza y decepción. Nos enfrentamos a tratamientos y luego a recaídas, una y otra vez.

Una amiga íntima de la escuela en la que enseñaba "sostuvo la mano de Ruth" durante esos altibajos. Muchos días podía saber por mi rostro cómo estaba Ruth. Si me veía "decaído", Lucille se dirigía a la habitación de Ruth para charlar y rezar. A menudo se sentaba y escuchaba. Muchas veces no había nada que decir, pero bastaba con que alguien reconociera nuestro dolor.

Maravillosamente, nuestro último año juntos tuvo varios momentos interesantes. Tuvimos la alegría de irnos de crucero. Pero el momento más memorable ocurrió durante nuestra charla sobre el "estado de nuestra unión" en un caluroso día de julio en la orilla oriental del lago Michigan. Nos sentamos a hablar y, durante un cálido abrazo, Ruth dijo suavemente: "Nunca me he sentido tan unida a ti".

UN AMOR PERDIDO

Tres cortos meses después, la vi tomar su último aliento. No sabía que un ser humano pudiera sentir tanto dolor. A los pocos días me di cuenta de este agujero en mi alma que parecía permanente.

Los amigos que lloraban en mi presencia me ayudaban más de lo que creían. Todavía me costaba un poco aceptar el proceso de duelo, pensando que era una debilidad. Las personas que lloraban conmigo me daban la libertad de vivir mi duelo. Los comentarios positivos sobre la vida de Ruth también fueron alentadores.

La mayoría se limitó a decir: "Lo siento mucho". Eso ayudó.

El proceso de duelo era realmente extraño para mí. Rápidamente aprendí que en gran parte del duelo no tenía ningún control, y que en realidad no lo causaba por algún tipo de debilidad. Comprender eso fue liberador. Parte de mi atención se desvió de mis necesidades para ayudar a los demás a lidiar con su muerte. A mi alrededor estaban los niños, sus padres, muchos amigos cercanos y gente de la iglesia que pasaban por varios niveles de duelo por su pérdida - madre, hija, amiga. Pero sólo yo era su cónyuge.

QUÉ DECIR

Recuerdo algunos de los débiles comentarios que diferentes personas compartieron conmigo. Los que más recuerdo fueron las declaraciones sencillas y sinceras sobre mi dolor. "Yo también la echo de menos", expresó un amigo. Esa empatía me abrazó el alma. Otro dijo tres versículos de la Biblia y un breve sermón sobre la voluntad de Dios para mí. Me emocioné con sus comentarios. Ser sensible a la necesidad actual del doliente requiere cuidado y discreción. A menudo su necesidad gira simplemente en torno a su dolor humano en ese momento. El simple hecho de afirmar o permitirles afirmar lo obvio puede liberar parte de ese dolor.

Un comentario que me resultó especialmente desconcertante fue el de un amigo bienintencionado que me dijo: "Si hubieras tenido más fe, Ruth no habría tenido que morir". Otros fueron casi igual de hirientes: los que me EVITARON. Me sentí rechazado por ellos. Habría sido mejor enviar una tarjeta o simplemente decir: "Siento tu pérdida", que no decir nada y mantenerse al margen.

LA SOLEDAD

El siguiente golpe en el proceso de duelo llegó a las tres semanas aproximadamente. Empecé a darme cuenta de que la gente se alejaba poco a poco de mí. Sentía que estaba entrando en el proceso de duelo mientras todos los demás "seguían adelante" con sus vidas sin ella. La soledad comenzó a invadir mi ser. Nunca había experimentado tal devastación interior. Muchos me confesaron después que no sabían qué decir, así que no hicieron nada y se apartaron. Me habría ayudado mucho que alguien se reuniera conmigo, sin que yo lo pidiera. Habría sido de gran ayuda poder repasar con palabras mi recorrido sin una larga lista de frases lógicas para intentar borrar mi dolor. El simple hecho de escuchar ayuda al proceso de liberación.

EL SEXO Y EL DUELO

Algunos amigos cercanos me han preguntado cómo fue sexualmente la pérdida de mi esposa. A riesgo de ser malinterpretado, diré algo al respecto. He comentado esto con otras personas que han perdido a su cónyuge y no todas han tenido esta experiencia, pero muchas sí. Un mes después del funeral de Ruth empecé a "arder" sexualmente. Tenía problemas con mi mente y mi cuerpo en el plano sexual. Esto duró unas tres semanas. Lo soporté con oración, actividad, duchas frías y largas caminatas. Ciertamente me daba demasiada vergüenza hablar con alguien sobre esto. Así que aguanté hasta que se desvaneció. Una cosa que me confundió fue que nunca sentí ninguna culpa por mis conflictos. Simplemente tomaba nota y seguía adelante.

INCLINARSE POR EL LUTO

Tuve el privilegio de encontrar un mentor en un líder de otra escuela que había pasado por la misma pérdida de su esposa mientras ejercía ese rol. Su consejo me alentó sabiamente a aceptar mi dolor y a vivirlo plenamente para garantizar mi integridad más adelante. En medio de mi confusión sobre lo que quería decir. Lo hice.

Sin embargo, el silencio de mis amigos seguía atormentándome. Así que busqué a otras personas que habían perdido a su cónyuge para hablar con ellas. Necesitaba hablar de toda mi experiencia para ganar perspectiva y alivio. Agradezco a esos amigos que quizá no sabían cómo ayudarme personalmente, pero me remitieron a otros que podían identificarse a través de su propia experiencia.

NECESIDAD DE HABLAR

El sexto mes después de la muerte de Ruth me mantuvo como rehén de mi dolor reprimido. Tenía que hablar con alguien. Fue entonces cuando llamé a otras personas que habían perdido a su cónyuge y les pregunté si podíamos hablar. Resultó que necesitaba varias conversaciones de dos horas en lugar de una charla ocasional de cinco minutos de "¿cómo estás?". En los dos meses siguientes encontré a cinco personas que me entendieron.

Las canciones de amor, e incluso las más emotivas y patrióticas, parecían desencadenar mi sentimiento de pérdida. Nunca me habían roto el corazón en una relación de amor perdido. Algunos días absorbía mi ser. Me habría ayudado que alguien me ayudara a identificar o al menos a empatizar con esa parte de mi pérdida. Hubo algunos días realmente malos en los que me dolió la relación " interrumpida" con Ruth.

CIERRE

A finales de esa primavera, la "culpa" dentro de mí creció sin control. Tenía que hacer algo. Así que me subí a mi furgoneta y conduje hasta el cementerio donde estaba enterrada Ruth. Miré al cielo y dije. "Jesús, yo no puedo hablar con Ruth pero TÚ sí. ¿Podrías decirle que lo siento?" Me arrodillé y sollocé incontrolablemente. Mi culpa no era por nada que hubiera hecho y que tuviera que admitir. Era simplemente la forma en que afloraba el dolor de haber perdido nuestra relación. Ese acontecimiento se convirtió en un punto clave para la conclusión de mi proceso de duelo.

Con el tiempo, empecé a dejar de sentir que todo el mundo me miraba porque estaba solo. Trabajar los aspectos del duelo me aportó una nueva sensación de plenitud. Empecé a sentir estabilidad en mis emociones. Las sesiones privadas de lágrimas eran cada vez menos frecuentes.

VOLVER A AMAR

Más tarde, ese mismo año, llegó a la escuela en la que daba clases una señora viuda que me conquistó por completo. No sé lo que pensaba sobre el "amor a primera vista" antes de eso, pero lo cierto es que me pasó a mí. Pensé que todos esos sentimientos habían muerto. ¡Qué hermosa mujer!

Al año siguiente, Judith y yo nos encontrábamos en una gran iglesia de Edmonton (Alberta, Canadá), con seis hijos a un lado y dos hijas y la hermana de Judith al otro. De nuevo, la sala se hizo eco de nuestros votos: "Hasta que la muerte nos separe".

Estas palabras tenían un significado mucho más profundo para ambos. Los dos habíamos experimentado la dura realidad de esos votos al máximo. Sin embargo, incluso con eso, veíamos la posibilidad de que nos volviera a suceder como algo que estaba a una vida de distancia.

Enamorarse de nuevo fue divertido. Ya está, lo he dicho. Muchas de las incógnitas sobre la vida y el amor se habían resuelto para ambos. Todo lo que teníamos que hacer era incluir al otro en la ecuación. Por supuesto, teníamos que establecer una nueva identidad entre nosotros. Nuestra nueva identidad era un nuevo "nosotros". No era como la relación de nuestros padres. No era como nuestros anteriores matrimonios. Era una relación única y nueva que requería aprender y crecer juntos. Y así lo hicimos.

LA VIDA DESAFÍA AL AMOR

Los días difíciles pueden amargarte o hacerte mejor. Judith y yo nos aferramos el uno al otro y elegimos lo segundo. El crecimiento y los errores de nuestros hijos no hicieron más que impulsarnos el uno al otro. Aprendimos desde el principio a hablar de todo, por muy duro que fuera el tema.

Sé que una de las razones de nuestro éxito a largo plazo en la mezcla de familias giraba en torno a la solidez de mi relación con Judith. Los niños veían que éramos muy unidos y que nada de lo que pudieran decir o hacer nos separaría. Al final de cada día, por muy difíciles que fueran las cosas cotidianas, Judith y yo estábamos abrazados.

Unos 15 años después de que nos diéramos el "sí, quiero", la salud de Judith se volvió preocupante. Parecía perder energía a primera hora del día. En aquel momento, mi trabajo incluía muchos viajes. Empecé a ver que ya no podía hacer tantos viajes como en años anteriores. Los cinco años siguientes fueron de persecución de los síntomas de médico en médico. Cada médico se limitaba a tratar los síntomas que ella describía y ninguno podía relacionarlos con una causa. Los dos sabíamos que algo iba muy mal, pero no sabíamos qué hacer porque no había un diagnóstico definitivo. Nos enfrentamos juntos a su problema de salud. Nos esforzamos por mejorar su salud, a pesar de que no sabíamos contra qué estábamos luchando.

Mientras visitaba a su familia, Judith tuvo de repente síntomas parecidos a los de un derrame cerebral. Una resonancia magnética reveló una masa en su cerebro. Nos dijeron que había que extraerla. Durante la operación, el médico me llamó a la sala de espera. Me dijo: "Señor Knapp, lo siento. Rara vez me sorprendo, pero para mi sorpresa, he encontrado un tumor canceroso de muy mal aspecto en el cerebro de Judith que procedía de otro lugar". Inmediatamente supe que iba a morir. Me senté y lloré incontroladamente durante casi una hora. Mi llanto continuó diariamente desde ese día de agosto hasta el día de Navidad.

LA MUERTE DESAFÍA AL AMOR

Al día siguiente, un escaneo de cuerpo completo puso de manifiesto la existencia de manchas cancerosas en sus pulmones y un gran tumor en fase cuatro en su páncreas. Con esa noticia,

Judith preguntó: "¿Eso significa que voy a morir?". Se me saltaron las lágrimas y asentí con la cabeza, "Sí", mientras me inclinaba para darle un largo y silencioso abrazo. Nunca había escuchado a Judith llorar así.

Así como Judith y yo hablábamos de todo, también lo hicimos en esta situación. Los siguientes cuatro días en el hospital nos dieron tiempo para llorar juntos su inminente muerte. Se permitían pocas visitas. Fue nuestro momento para despedirnos por completo y discutir los posibles acontecimientos de los próximos meses. Como de costumbre, abordamos incluso las cuestiones difíciles. Entre lágrimas, discutimos temas como la ayuda a los hijos y nietos en el proceso de duelo, cómo sería su servicio fúnebre, si querría morir en casa con cuidados paliativos, e incluso insistió en que, de nuevo, considerara la posibilidad de volver a casarme.

ENFRENTANDO LA MUERTE

El dolor y la liberación de hablar con Judith sobre su muerte fue un acontecimiento nuevo para mí. Ruth y yo nunca lo hicimos. Supongo que era porque éramos muy jóvenes y nos aferrábamos a toda esperanza de estar juntos incluso unos pocos meses más, y evitábamos mirarnos y admitir en voz alta que ella iba a morir en ese momento.

Poco a poco, comunicamos a nuestros ocho hijos y a sus familias que debían hacer lo que fuera necesario para venir a ver a su mamá/abuela pronto, antes de que la medicación para el dolor le impidiera estar alerta. Así pues, durante las seis semanas siguientes, cada uno de nuestros hijos, sus cónyuges y los veinticuatro nietos vinieron de uno en uno. Cada uno de ellos tuvo un tiempo personal con Judith para despedirse y expresar el amor permanente que sólo ella podía dar. Fue lo más desgarrador que he tenido que hacer en mucho tiempo. Observé, supervisé y participé en el duelo de cada uno. Algunos de nuestros nietos lloraron profundamente en mis brazos.

HABLAR SOBRE LA MUERTE

Tuvimos un servicio de cuidados paliativos para supervisar el tratamiento de Judith. Sin embargo, yo mismo la cuidaba por las noches, hasta las últimas cuatro semanas. Una vieja amiga me ayudó unos días durante el día y luego la hermana de Judith y una de nuestras hijas pudieron venir a ayudarme durante esas últimas semanas. Esto significaba que su hermana dormiría con Judith por la noche para que yo pudiera descansar mejor. Eso pareció funcionar durante un par de semanas. Sin embargo, unas dos semanas antes de dejarnos, Marsha me dijo que creía que Judith me necesitaba más porque estaba muy inquieta por la noche. Así que empecé a "llevarla a la cama" después de satisfacer sus necesidades físicas. Todos se iban y yo me arrodillaba junto a su cabeza. Le hablaba, rezaba con ella y le frotaba los brazos. Esto funcionaba, ya que empezó a descansar mejor después de eso.

Aproximadamente una semana antes de que partiera al cielo, estaba hablando con ella en voz baja junto a su cama y una lágrima se deslizó por un lado de su cara. A través de su niebla mental por los medicamentos susurró: " Lamento tener que morir". Ahora a mí me corrían las lágrimas por la mejilla. Le aseguré que estaba bien y que yo estaría bien. Le di permiso para que siguiera sin mí y que yo llegaría pronto.

Un domingo por la mañana, a finales de octubre, Judith saltó a los brazos de Jesús. Se liberó del dolor. Mi luto alcanzó el nivel más profundo que jamás había experimentado. Me sentí como si fuera un don nadie cuando ella se fue.

Mi dolor era inconsolable. Marsha y Kathy, sabiamente, se limitaron a abrazarme y procedieron a ocuparse de las necesidades materiales de la casa.

EL DUELO NO ES FÁCIL

Varias personas me han preguntado desde entonces si fue más fácil o más difícil llorar la pérdida de un cónyuge la segunda vez. Mi respuesta es que para mí fue más difícil. Cito dos razones para esta conclusión. La primera vez, el proceso de duelo era nuevo para mí y cada etapa era un poco sorprendente. Esta vez, sabía cuánto tendría que doler antes de poder sanar. Eso fue duro. Mi relación con Ruth fue "de película" en muchos aspectos. Nuestro matrimonio se había desarrollado bien desde nuestra juventud hasta los 41 años. Sin embargo, ninguno de los dos había experimentado realmente un dolor profundo.

Judith y yo entramos en nuestro matrimonio habiendo experimentado ambos el profundo dolor del duelo. Esto hizo posible que amáramos profundamente, lo que se convierte en mi segunda razón. Mi pérdida emocional fue más profunda debido a este nivel más profundo de amor que Judith y yo disfrutamos y perseguimos.

CÓMO LIDIAR CON LA SOLEDAD

Otra vez estaba solo. Esta vez fue diferente. La primera vez tenía una cama vacía, pero una casa llena de niños que cuidar. Esta vez, regresé a una cama vacía y a una casa vacía. La soledad era ensordecedora.

Algunos amigos me dijeron de pasada: "Dave, si alguna vez quieres hablar, llámame cuando quieras. Lo digo en serio, cuando quieras". Bueno, ¿adivinen qué? No sucedió. Sabía que tenían vidas y familias. Probablemente podría haber llamado. Probablemente debería haber llamado. Pero habría sido más útil si hubieran dicho: "Entonces, Dave, ¿sería mejor que venga el sábado a las 7 p.m. o el domingo?"

Sabía por experiencia que mis amigos empezarían a alejarse después de unas tres semanas. Y así fue. No me sorprendió porque esta vez lo entendí mejor. Así que, al igual que antes, hice cosas con intención de permitir que se produjera el proceso de duelo en lugar de esconderlo o reprimirlo. Planeaba salir por las tardes, incluso si eso significaba ir al centro comercial y ver a la gente pasar mientras comía un cono de helado o ir al cine... solo.

EXPERIMENTANDO LAS "PRIMERAS VECES"

Un consejo común que se da a los dolientes es no tomar ninguna decisión importante durante los primeros 12 meses. Empecé a pensar en esto, ¿por qué un año? Pronto me di cuenta de que doce meses dan tiempo para un ciclo de vida normal y la oportunidad de pasar por casi todas las "primeras veces" después de la pérdida. Estos eventos incluyen: los primeros cumpleaños, las primeras vacaciones, la primera vez que se habla con amigos y parientes, los primeros cambios de estación, la primera vez en entornos familiares, etc. Así que me di cuenta de que puedo "inclinarme" por el proceso pasando por estas "primeras veces" de forma intencional.

Tuve la suerte de tener amigos y familiares que lo entendían. Cooperaron mucho cuando los contacté para visitarlos y salir a eventos sociales con ellos.

EL SEXO Y EL DUELO OTRA VEZ

Un mes después de que se llevaran el cuerpo de Judith, volvió a ocurrir. Empecé a sufrir nuevamente en el plano sexual. Al menos no fue una sorpresa. Volví a notar que mis tensiones no incluían la culpa. Quería entender lo que estaba pasando — y seguir lidiando con esta lucha exitosamente. Había hablado abiertamente con Judith sobre lo que me había pasado después de la muerte de Ruth. Me sorprendió al decirme que a ella también le había pasado. Se sentía mal por ello.

Finalmente, en medio de la noche puse algunas cosas en orden. En el pasado ayudé a varios hombres a lidiar con la adicción a la pornografía. En mi investigación sobre cómo ayudarlos me enteré de que la ciencia ha identificado que el disfrute sexual proviene de la misma parte del cerebro que otras adicciones que consideramos difíciles. Empecé a darme cuenta de que es una posibilidad muy real que nuestra sana vida sexual fuera como una adicción para mi cerebro y que cuando desapareció por completo (ni siquiera podía tocar su mano) en treinta días pasé por un tiempo de "sequía". Este tiempo era físico y no moral, de ahí que no haya sentido culpa. No soy un profesional del tema por educación. Pero, el concepto me ha ayudado a mí y a otros con los que lo he compartido.

Se han identificado las hormonas que se liberan durante el sexo. El blog CharismaNews, del 13 de mayo de 2015, contenía un artículo de Tiana & Jeremy Wiles titulado *El Sexo Antes Del Matrimonio Reconfigura Tu Cerebro* que explica el cerebro sexual. La oxitocina es una hormona producida principalmente en el cuerpo de la mujer. Esta se libera durante el sexo y hace que ella se vincule emocionalmente con su marido. Los hombres producen vasopresina, que también se conoce como la "hormona de la monogamia". La liberación de vasopresina vincula emocionalmente al hombre con su mujer. Cuando se produce la muerte de un cónyuge, es posible entrar en un estado de abstinencia cuando el cuerpo y el cerebro se ven privados de estas hormonas.

PRIMERAS VECES SOCIALES

Muchas de las primeras veces me llegaron por sorpresa. La primera vez que salí socialmente con personas que no me conocían me sorprendió la pregunta: "¿Y dónde está tu mujer?". Sorprendí a todos con mi respuesta: "Está en el cielo". Silencio. Supe que estaba progresando la primera vez que me encontraba en una situación similar y no sentía que la conversación estuviera completa hasta que todos supieran que había enviudado recientemente. Estaba empezando a desarrollar una nueva identidad sin Judith.

Aunque no apareció nadie dispuesto a revisar las distintas etapas de mi proceso de duelo, me di cuenta, por experiencia, del valor de abordar este tema. Así que periódicamente le enviaba a mis hijos -ya adultos- un correo electrónico titulado "Cómo va papá", en el que repasaba los puntos de progreso y transición en mi proceso de duelo. Eso fue una ayuda tanto para mí como para ellos.

SOLTERO OTRA VEZ

Una de las realidades de ser viudo era el reto de pensar en mí mismo como una persona soltera completa y no como la mitad de una pareja. Mis amigos también se enfrentaron a esto. A algunos les costó tanto que se alejaron de mí. Y otros, de forma sutil, me veían como una amenaza cuando se trataba de sus esposas. Suena extraño, pero a menudo es así tanto para los viudos como para las viudas en los entornos sociales. De alguna manera, ser soltero se asocia a menudo con ser promiscuo de alguna forma, o al menos con estar "disponible".

LA PÉRDIDA ES ALGO COMÚN

Por último, no tengas miedo de informarte sobre el proceso de duelo. La mayoría de la gente piensa erróneamente que el proceso de duelo es una condición puramente emocional, ignorando que también es una condición física. Si están casados, a uno de los dos le pasará, eventualmente. Mi caso es inusual sólo porque ocurrió durante los años de juventud. Pero las personas mayores mueren todos los días.

« Punto de reflexión »

Los dolientes son sensibles a los comentarios poco solidarios que parecen minimizar su dolor.

✓ QUÉ DECIR
× QUÉ NO DECIR

✓ **¿Te puedo ayudar a encontrar a otras personas que hayan tenido una pérdida similar?**

× *Esto sucedió porque Dios tiene algo o alguien mejor para ti.*

✓ **¿Puedes reunirte con nuestro grupo para cenar este viernes?**

× *Llámame cuando quieras.*

✓ **Sus recuerdos son un legado de amor.**

× *Tienes que dejarle ir para poder empezar a vivir de nuevo.*

✓ **¿Te apetece charlar ahora o la semana que viene?**

× *Te ves muy bien. Debes haberlo superado.*

✓ **Gracias por tener la libertad de hablarme de tus sentimientos en este momento.**

× *¿Cómo lo estás llevando?*

"Pero hay una incomodidad que rodea al dolor. Hace que incluso las personas con las mejores intenciones no sepan qué decir. Y muchos de los recién afectados acaban sintiéndose aún más solos".

MEGHAN O'ROURKE

CAPÍTULO 4

CUANDO LA MUERTE SE LLEVA A TU PAREJA

Una ayuda especial para asistir a quienes han perdido a su cónyuge ante la muerte

Hace muchos años asistí a un seminario sobre gestión del estrés en Detroit. Allí me enteré de que, según una media nacional, los dos acontecimientos que más estrés producen son hablar en público y la muerte de un cónyuge. Durante los meses siguientes a la muerte de Ruth, mis lecturas incluían información sobre cómo afrontar la pérdida de un cónyuge. Entre las afirmaciones sobre la importancia de cuidar la propia salud mientras se vive el duelo, surgió el punto de que entre las personas mayores la posibilidad de que el cónyuge que sobrevive muera suele aumentar en un cuarenta por ciento en el año siguiente a la pérdida. No es necesario que nadie sea una estadística en los promedios nacionales. Sin embargo, estos datos ponen de relieve la importancia de perder a la persona que se ama.

A TENER EN CUENTA

La puerta de mi dormitorio parecía detenerme repentinamente. Contemplando el lugar donde vi a mi mujer exhalar su último aliento tres semanas antes, me sumía en otra sesión de llanto sin control. Ese deambular diario por la casa como un niño de dos años que busca un chupete parecía interminable.

Esta vez terminé la sesión emocional pensando en otras heridas profundas que había experimentado. Ahora las percibía de forma diferente. Me vino a la mente mi madre. De repente, mi situación no parecía tan dura. *Vaya*, pensé, *¡ella sí que tuvo una vida dura cuando mi padre murió repentinamente!* Durante toda mi vida sólo podía recordar los años difíciles que rodearon al accidente de mi padre desde la perspectiva de mi hijo de 11 años. Pero ahora, a través de mi propia pérdida, me dolía el corazón por mi madre y la admiraba de nuevas maneras.

Yo era el mayor de cuatro hijos el día del accidente de mi padre. Mi madre era una joven de 30 años embarazada que vivía en una casa sin cañerías interiores y con una estufa de hierro que quemaba carbón o madera para calentarse. El invierno apenas había dado la mitad de sus frutos cuando nuestras vidas cambiaron para siempre aquel soleado día de febrero. El dolor de mi madre parecía hacer que nuestras vidas se detuvieran. Pasaba mucho tiempo en la cama y sólo se levantaba para dar los cuidados mínimos a sus cuatro hijos pequeños. Una semana después del funeral de mi padre, dio a luz a mi hermano menor.

Una semana después de que mamá volviera a casa del hospital con mi hermanito, recibimos una visita inesperada de su dominante madre. Irrumpió en nuestra casa sin avisar. A su llegada, encontró la casa hecha un caos. Mamá estaba en la cama, como siempre. Hacía casi un mes que mi padre había muerto en el accidente. El recién nacido que tenía a su lado recibía toda su atención en detrimento del cuidado de la casa y del resto de los niños. En retrospectiva, su comportamiento era comprensible dadas las circunstancias. Por desgracia, la abuela respondió de forma muy dura.

"Sal de esa cama y deja de hacer esto ahora mismo", le gritó mi abuela. Mi madre nunca se había enfrentado a su madre en toda su vida y no iba a empezar entonces. Hacía lo que le decían físicamente, pero no podía lidiar con su dolor tan fácilmente. Así que, en lugar de pasar por el proceso de duelo de una manera sana, mamá lo reprimió por el momento, pero su dolor no se quedó ahí. Al final, impregnó el resto de su vida.

Los días difíciles para mi madre continuaron ese primer año. Tenía que gestionar una granja sin su marido. No tenía ni idea de cómo hacerlo y cuidar a cinco niños. Esa primavera y verano los vecinos vinieron en masa para ayudar a plantar y luego a recoger la cosecha. Sin embargo, perdió la granja y tuvimos que mudarnos a un pequeño pueblo cercano. El único ingreso económico al que podía acceder mamá era la ayuda del gobierno. Trescientos dólares al mes no daban para mucho, incluso en aquella época. A menudo, el dinero que me ganaba cortando el césped servía para comprar pan y gasolina.

Esta experiencia, junto con el ajetreo de la vida, se mantuvo en carne viva en el alma de mi madre. La vi sacar la foto de papá y llorar cada vez que ocurrían acontecimientos emocionales duros. El más vívido se produjo durante su divorcio del hombre con el que se casó tres años después de la muerte de mi padre. Su recuperación se vio interrumpida y ella sufrió lo sufrió durante años.

Lamentablemente, mi madre murió relativamente joven de una rara enfermedad que pudo haber sido desencadenada por el estrés. A mi juicio, ella sufrió en muchos aspectos, porque su dolor no fue bien procesado.

A veces, las circunstancias y las personalidades dominantes impiden a algunas personas hacer el duelo libremente. En muchos de estos casos, contar con un amigo o familiar cercano que les "permita" hacer el duelo puede ser la clave de su victoria. En lugar de señalar su fortaleza o dureza, una expresión honesta sobre su pérdida y dolor sería más beneficiosa para su recuperación a largo plazo. Una pregunta directa como: "¿Te das tiempo o permiso para llorar a veces?" podría ser justo lo que necesita.

CUANTO MÁS CERCA, PEOR

Roz me llamó desde Florida el otro día. Estaba indecisa pero me preguntó: "¿Puedo hacerte una pregunta sobre cómo ayudar a una nueva amiga mía?". Me explicó que una señora nueva acababa de empezar a venir a su estudio bíblico y que había perdido recientemente a su marido. Roz dijo que quería ayudarla y no ser un obstáculo para ella. Ninguna de las dos tenía mucho tiempo para hablar, así que Roz me pidió una "versión realmente concisa" de lo que tenía que decir o no decir. Le contesté: "La regla general es: Cuanto más reciente sea su pérdida, menos debes decir".

Esto significa que cuanto más cerca estés del momento en que se produjo la pérdida, menos tienes que decir. Si han perdido a su ser querido ese mismo día, hay que decir muy poco. Tal vez una frase como: "Debe doler mucho". No intentes resolver su duelo con una larga declaración lógica sobre cómo mirar hacia adelante, etc. Sin embargo, si hablas con ellos tres meses después, es posible que quieran repasar cómo murió su ser querido con todo lujo de detalles.

Sheryl Sandberg, directora de operaciones de Facebook, perdió a su marido en un accidente. Expresó muchas observaciones de lo que le ocurrió en el primer mes de duelo en su timeline de Facebook el 3 de junio de 2015.

> "Aprendí que realmente nunca he sabido qué decirle a los demás cuando lo necesitaban. Creo que estaba equivocada; intentaba asegurarles que todo iría bien, pensando que la esperanza era lo más reconfortante que podía ofrecer. Un amigo mío con cáncer en fase avanzada me dijo que lo peor que la gente podía decirle era "Todo va a salir bien". Esa voz en su cabeza le gritaba: "¿Cómo sabes que todo va a salir bien? ¿No entiendes que puedo morir? El mes pasado aprendí lo que él estaba tratando de enseñarme. La verdadera empatía a veces no consiste en insistir en que todo irá bien, sino en reconocer que no es así. Cuando la gente me dice: "Tú y tus hijos volverán a encontrar la felicidad", mi corazón me dice: "Sí, lo creo, pero sé que nunca volveré a sentir auténtica alegría". Los que han dicho: "Encontrarás una nueva normalidad, pero nunca será tan buena" me reconfortan más porque saben y dicen la verdad. Incluso un simple "¿Cómo estás?" -casi siempre preguntado con la mejor de las intenciones- es mejor sustituirlo por "¿Cómo estás hoy?". Cuando me preguntan "¿Cómo estás?" me contengo de gritar: "Mi marido murió hace un mes, ¿cómo crees que estoy? Cuando oigo: "¿Cómo estás hoy?" me doy cuenta de que

la persona sabe que lo mejor que puedo hacer ahora es superar cada día".

LA MONTAÑA RUSA

El duelo por la pérdida de un cónyuge no es un acontecimiento; es un proceso. Este proceso puede llevarnos de un punto álgido a un profundo dolor sin previo aviso.

Judith se detuvo y contempló una silueta que llenaba la puerta. Gordon (su marido) había muerto hacía unas semanas. Ella y su hermana habían salido de compras en un muy necesario descanso. Gordon medía 1,80 metros y tenía una constitución similar a la de "Mr. Clean". El hombre que estaba en la puerta captó su atención. "Judith", comenzó Marsha, "¿estás bien?" Una ola de emociones envolvió a Judith, allí mismo, en el departamento de ropa.

La respuesta de Marsha a este acontecimiento normal en el proceso de curación de un doliente fue acertada. No trató de disuadir a Judith de las emociones que le afloraban. No la criticó por expresar sus emociones abiertamente. Por el contrario, se puso a su lado y lo vio como algo normal y saludable y la dejó llorar.

Uno de los errores más comunes que he visto en aquellos que son amigos de los afligidos surge cuando ven a su amigo mostrar emociones y de alguna manera piensan que no es bueno, o que es una señal de que están luchando. La idea más común es que la falta de emociones significa que lo están haciendo bien. Esto no es cierto. La muestra pública de emociones puede ser una señal de que el afligido está trabajando libremente a través del proceso y puede ser muy "normal".

He recibido comentarios negativos de amigos que fueron testigos de cómo expresaba mis emociones en público. Algunos lo veían como una debilidad, mientras que otros concluían que no debía estar haciéndolo bien. De hecho, era todo lo contrario. Experimentaba una mayor recuperación cada vez que tenía la libertad de expresar estos repentinos brotes de emociones. Negar a alguien esta libertad de expresión emocional podría ser un obstáculo para su curación.

El autor Jerry Sittser, en su libro A Grace Disguised lo explica así:

> Entregarme al dolor resultó ser tan duro como necesario. Ocurrió de manera espontánea e intencionada. No siempre podía fijar el momento y el entorno adecuados para las lágrimas, que a veces se producían en ocasiones inesperadas e inoportunas, como en medio de una clase universitaria que estaba impartiendo o durante una conversación. Me sorprendió ver lo inofensivo que resultaba para los demás. En todo caso, mi muestra de dolor les invitaba a llorar sus propias pérdidas, y convertía la expresión de dolor en algo normal y natural en la vida cotidiana. (pág. 42)

Cuando esto ocurre en tu presencia, en lugar de decir algo para intentar detener sus lágrimas, sería mejor decir: "Está bien. Sé que algunas veces debe doler más que otras. Yo también los echo de menos. Gracias por tener la libertad de llorar delante de mí".

TIEMPO BIEN INVERTIDO

Comprender la profundidad de las emociones por las que está pasando un amigo o familiar puede ayudar mucho a saber cómo ayudarle en su camino. Normalmente, esto sólo puede averiguarse si se pasa tiempo con esa persona y se le escucha atentamente. Puede que incluso tengas que hacer preguntas claras. Un simple "¿Cómo te va?" no te dará una imagen real. Una pregunta mejor puede ser: "¿Puedes hablarme de tus altibajos de hoy (o de esta semana)?".

Un amigo mío que perdió a su mujer hace ocho meses me escribió esto "Creo que lo estoy haciendo "bien", lo que quizá necesite algunas explicaciones. Todavía me sorprenden las emociones y, sin motivo alguno, me desmorono. El dolor no parece tan agudo y abrumador como en el pasado, pero está ahí. La soledad es difícil de manejar. Tener una agenda ocupada ayuda, pero una agenda ocupada no satisface la necesidad de hablar e interactuar con una persona de confianza. Dios sabe estas cosas y estoy aprendiendo a manejar las diferentes situaciones que llegan a mi vida".

Un oído atento y las preguntas correctas pueden facilitarle la información necesaria para dar el mejor consuelo a un amigo o pariente. Evita las frases imperativas como "Aguántate" o "Sé fuerte". Estas frases sólo implican que lo mejor es aislar su dolor, cuando no es así.

DE QUÉ SE TRATA

He observado que, muchas veces, la atención en la pérdida tiende a dirigirse hacia el ser querido perdido. Sin embargo, me gustaría sugerir que uno comprende verdaderamente la profundidad del duelo cuando se da cuenta de que éste debe centrarse en el dolor del doliente.

"Tu ser querido ya no está sufriendo", anunció el médico que lo atendió. Esta respuesta a la muerte de un ser querido es muy generosa cuando se anuncia su fallecimiento. El golpe de la noticia de la pérdida inmediata puede incluso suavizarse más con el consuelo de que el que ha muerto está mejor de alguna manera. Sin embargo, a medida que pasa el tiempo, el dolor que experimenta el doliente eclipsa cualquier consuelo trillado relativo al fallecido. Su alma está sufriendo más allá de lo imaginable. Recuerdo haber sentido que había un agujero en mi alma que parecía permanente.

Afirmaciones como: "Están en un lugar mejor", "Era su hora de partir", "Dios lo amaba tanto que lo quería con Él en el cielo", "Era la voluntad de Dios que murieran" o "Ahora son más felices" ponen el énfasis en el lugar equivocado y no benefician al doliente. La pena no es el resultado del cambio en la condición o ubicación de los muertos. La causa es el dolor que experimenta el doliente por su pérdida. Reconocer y abordar el dolor del doliente puede ser de mucha más ayuda para procesarlo hasta lograrlo.

NO HAY MUCHO QUE PENSAR

Conocí a Bob y a Rachel hace años. La primera esposa de Bob había muerto repentinamente un par de años antes. Cuando los conocí, Bob y Rachel acababan de conocerse. No tardaron en casarse y en construir una vida de servicio juntos. Cuarenta y un años después recibí una carta de Bob diciendo que Rachel había muerto repentinamente. Esperé a que pasara el plazo de tres semanas para ponerme en contacto con él porque sabía que sería el momento en que la mayoría de la gente empezaría a alejarse y su necesidad de hablar no haría más que aumentar.

El día que nos comunicamos por teléfono fue un sábado por la mañana. Algunos me han preguntado: "¿Y qué le dijiste?". Mi respuesta es: "Muy poco. Principalmente me limité a escuchar". Lo único significativo que le dije a Bob durante esa hora de conversación fue: "Cuando leí tu carta sobre Rachel, se me rompió el corazón". Tras sus lágrimas, entró en detalles contándome todo lo que rodeó su muerte. Fue entonces cuando me enteré de la sorprendente noticia de que Rachel se había quitado la vida. Era obvio que sentía la necesidad de descargar los detalles que probablemente estaban atormentando su mente, incluyendo las luchas que estaba teniendo. Percibí una libertad en su espíritu cuando dijo: "Adiós. Quizá podamos volver a hablar".

Sabía que no *tenía* que saber qué decirle a Bob; sólo tenía que conectar con sus heridas emocionales y dejarle hablar de sus experiencias. El duelo es un asunto emocional, no un asunto intelectual. Las *respuestas del corazón* ayudan más que las *expresiones lógicas* en este momento.

No hace falta tener un plan lógico o bien pensado para ayudar al doliente. La simple preocupación funciona muy bien.

SOLEDAD

Merece la pena reiterar aquí que la soledad, para la mayoría de los que han perdido a su cónyuge, se convierte pronto en un enorme obstáculo que puede durar años.

La soledad es una parte muy real del proceso de duelo. Además de echar de menos a la persona que ha muerto, se puede experimentar la soledad. Thomas Wolfe lo expresa así: "Toda la convicción de mi vida descansa ahora en la creencia de que la soledad, lejos de ser un fenómeno raro y curioso, propio de mí y de otros pocos hombres solitarios, es un hecho central e inevitable de la experiencia humana."

Este aspecto del proceso de duelo suele ser ignorado por quienes no lo experimentan. A mí me resultaba asfixiante. Todos entendemos que echaremos de menos a la persona que hemos perdido. Pero, ¿qué pasa con la opresiva soledad que se desarrolla después? Muchos han expresado que, aunque echar de menos a su ser querido fue difícil, sobrellevar la soledad fue más doloroso.

Dicho esto, cuando atiendas a alguien que ha enfrentado a una pérdida, incluye la soledad como parte de su experiencia en tu pensamiento. Puede ser más fácil ayudarles en este aspecto, ya que todos nosotros hemos tenido episodios de soledad en nuestras vidas. "¿Cómo manejas los momentos de soledad?" es una buena pregunta junto con "¿Cuándo puedo venir durante los momentos en que comúnmente te sientes solo?"

NO LO SABES

"Sesenta y un años es mucho tiempo de casado con la misma persona... para luego perderla", dijo Elaine mientras miraba fijamente al espacio. "Vaya", fue mi respuesta. "Eso es increíble y no puedo ni imaginarme lo que debes sentir ahora. La soledad debe ser abrumadora".

"Tienes razón, lo es", fue su acertada respuesta. Pasamos a hablar de los sencillos cambios que tanto ella como yo habíamos experimentado en el último año: comprar comida y cocinar para UNO y no para dos, aprender a gestionar los trabajos que siempre hacían nuestros compañeros y adaptarse socialmente a la soltería. Me di cuenta de que su ánimo y su comportamiento mejoraron tras nuestra charla.

¿Te has dado cuenta de que no he dicho nada como "sé cómo te sientes" o "lo sé, he perdido dos esposas"? Ninguna de las dos afirmaciones es útil. Realmente no entiendo el dolor personal de otra persona, y ella no pretendía que lo hiciera. Sólo necesitaba que empatizara y reconociera su dolor. Y las comparativas tienden a cerrar a la gente. Con mucha frecuencia, cuando no sabemos qué decir para ARREGLAR su problema con el dolor, sentimos que no podemos ayudar y por eso nos alejamos. No es así. Los dolientes necesitan ser escuchados, no arreglados, ni superados.

UNA EXPRESIÓN, NO UNA SOLUCIÓN RÁPIDA

La expresión y el cierre son importantes para quienes han experimentado una pérdida.

Hace poco tuve la oportunidad de compartir mis experiencias y lecciones sobre la pérdida en una gran prisión de hombres en el sureste de California. El capellán, que es un viejo amigo, me invitó a compartir con la "iglesia" de la que era responsable entre rejas. Resultó ser una gran oportunidad para ofrecer ayuda.

Tras mi charla, los hombres empezaron a hacer una cola para expresar su agradecimiento y contarme sus historias. Una me impactó en particular. Un hombre de unos 60 años con cola de caballo se había unido a la fila. Cuando llegó a mí estaba tan emocionado que no podía hablar. Se salió de la fila por un momento pero se serenó lo suficiente como para contarme su historia. Se había casado con su novia de la infancia y luego se fue a Vietnam. Volvió con un grave trastorno de estrés postraumático y ella acabó dejándole. Más adelante pudo superar los efectos de la guerra y ella volvió con él. Nunca dijo por qué estaba en prisión, pero mientras él cumplía condena, ella murió. Nunca pudo despedirse de ella, ni tuvo la oportunidad de arreglar las heridas, ni siquiera de ir a su funeral.

Mi conversación franca sobre el dolor e incluso mis expresiones faciales le hicieron sentir que era la primera persona que entraba en su vida y que comprendía su dolor. Este hombre tosco y duro lloró sobre mi hombro durante mucho tiempo, y eso le permitió liberarse.

Puedes ser de gran ayuda para tus conocidos que les das varias oportunidades de expresar su dolor (no de arreglarlo) y así ayudarles en los pasos de cierre. Incluso puede ser útil preguntar: "¿Dónde te ves en tu proceso de duelo? Háblame de eso"

IR AL GRANO

Ir al grano. Este es un buen consejo para quienes desean realmente ser útiles para un amigo o pariente que ha sufrido una pérdida reciente. Es muy fácil y tentador hacer afirmaciones generales como: "Si hay algo que pueda hacer para ayudar" o "Hazme saber qué puedo hacer".

Por muy claras que te parezcan, pueden sonar como """la la land"" para el afligido y requerir más energía de la que tienen. El duelo requiere mucha fuerza emocional y mental. A menudo, lo único que se puede procesar con un nivel de definición son simples preguntas de "sí" y "no". La capacidad de planificar el futuro se ve obstaculizada en las mentes de los afligidos. Pensar en hacer la compra la semana que viene no será una necesidad hasta que uno se quede sin leche.

Si realmente quieres ayudar a tu amigo o pariente de alguna manera física, es mejor hacer preguntas concretas. "¿Puedo ir el martes a ayudarte a ponerte al día con las tareas domésticas?" "Hago la compra del supermercado el sábado, ¿puedo llamarte entonces para ver qué puedes necesitar de la tienda?". "¿Te parece bien que te llame el jueves por la noche entre las 20:00 y las 22:00 para charlar?".

CRISIS DE IDENTIDAD

Judith murió temprano un domingo por la mañana. Ver y tocar su cuerpo sin vida quedó permanentemente grabado en mi memoria. Fui del dormitorio al salón y me derrumbé en el sofá llorando de forma incontrolable. Estaba desolado. A medida que las lágrimas disminuían, mi alma empezaba a doler y una sensación de vacío me abrumaba. Me sentía como un don nadie. Inmediatamente, mi identidad y la definición de quién era se desvanecieron. Ya no era el marido de Judith. Ella había desaparecido. Volvía a estar soltero y no sabía lo que eso significaba. Ya no formaba parte del grupo de casados de la sociedad. Ya no tenía a alguien con quien consultar los acontecimientos y las decisiones cotidianas. ¡Todos los planes de futuro que habíamos hecho eran inútiles y habían desaparecido!

Algunos han intentado explicar esta crisis de identidad causada por la pérdida de un cónyuge como la amputación de uno mismo. Un hombre, tras la pérdida de su esposa, lo expresó muy bien. Se comparó a él y a su mujer con un par de alicates. Con ambos lados presentes y unidos, los alicates son una herramienta muy útil. Dijo que sentía que un lado había desaparecido y que el " alicate " ya no podía agarrar nada. La redefinición de uno mismo se ve entonces agravada por la difícil situación de la pérdida debida a la muerte. Se presenta como una situación que hay que trabajar y que no es fácil de resolver con un reemplazo inmediato. Parte de mi sentido de realización en la vida giraba en torno a la felicidad y el bienestar de Judith. Ese propósito para mí se desvaneció.

Los comentarios de algunos amigos que más me ayudaron a sobrellevar esta etapa fueron: "Sé lo mucho que la querías", "No sé cómo te sientes ahora, pero quiero que sepas que estoy aquí para ti", "Estoy rezando por ti" y "Sigues siendo muy importante para mí".

AJUSTES SOCIALES

Volver a ser soltero provocó muchos cambios en mi vida. Por mucho tiempo, después de la muerte de mis dos esposas, todavía me sentía casado. Llevé mi anillo de boda durante meses después de que se fueran. Seguía pensando en mí mismo como media pareja. Adaptarme a mi nueva realidad y verme como una persona soltera y completa me llevó tiempo. Empecé a darme cuenta de que mi círculo de amigos tenía que hacer los mismos ajustes. Algunos se alejaron, mientras que otros me veían como una amenaza.

Elisabeth Elliot, en su libro *Loneliness*, lo expresó muy bien:

> A pesar de esta moderna alteración de las antiguas normas, las reuniones sociales siguen estando formadas por lo que llamamos (a veces, vagamente) parejas. Como viuda, nunca me gustó ser la quinta rueda. El simple hecho de estar allí desequilibraba las cosas, pero era una realidad que tenía que aceptar. No era culpa de nadie. Sería una tontería protestar porque los casados debían hacer algo por mis sentimientos en esta situación. Muchos de

ellos lo intentaron. Todo el mundo era muy amable al principio, se volcaban sobre mí, me ofrecían ayudas de todo tipo, me invitaban a salir. Muchos siguieron siendo amables cuando se suponía que el supuesto proceso de duelo había terminado, pero no había nada en el mundo que pudieran hacer para que yo dejara de ser la mitad de una pareja. (pág. 41)

LOS DÍAS FESTIVOS PUEDEN SER DOLOROSOS

Las primeras vacaciones tras la pérdida de un cónyuge pueden ser insoportables. La Navidad, especialmente, se presenta como algo duro para muchos. Ser servicial y atento con los conocidos que han enviudado recientemente puede ser muy importante.

Tras la muerte de Ruth en octubre, sus padres seguían viviendo cerca de nosotros y, por supuesto, yo tenía cuatro hijos en los que pensar y cuidar. Celebramos el Día de Acción de Gracias con sus padres, como siempre. Las Navidades se desarrollaron de forma diferente. Un buen amigo que vivía en Grand Rapids me hizo una oferta inusual. Había sido piloto misionero y ahora tenía su propio avión. Nos invitó a unirnos a su familia durante la semana de Navidad en un complejo de cabañas privadas en las Islas Bahamas. Sólo teníamos que reunirnos con él en un aeropuerto de Florida y él nos llevaría en avión a la isla y nos cuidaría durante los cinco días que estuviéramos allí. Lo aceptamos. Tranquilidad era justo lo que necesitábamos en ese momento. El dolor que podríamos haber experimentado durante las vacaciones se redujo.

La muerte de Judith también fue en octubre. Vi el mes de diciembre como una oportunidad para sanar a través de muchas "primeras veces" en mi proceso de duelo. Esta vez tenía la casa vacía. Dos familias con hijos y nietos vivían cerca, pero mi casa estaba vacía. A principios de diciembre volé a Iowa para asistir a una reunión navideña de mis muchos hermanos y sus familias. Sabía que sería una buena oportunidad para comenzar la temporada navideña conectando con ellos por primera vez desde la muerte de Judith. Resultó ser un gran momento de reconciliación para muchos de ellos y para mí. Luego tuve una noche de regalos y comidas navideñas con las dos familias que viven cerca de mí. Sin embargo, el día de Navidad estuve solo. No pensé en ello, ya que había celebrado la Navidad con mis hijos. Sin embargo, un par de horas después de levantarme y darme cuenta de que era el día de Navidad, empecé a llorar. Lloré durante varias horas esa mañana. Mi curación continuaba. Esa tarde asistí a una comida comunitaria y conocí a algunos amigos nuevos con los que disfruté.

Ambas experiencias, estar con gente en un entorno diferente, así como estar solo, me ayudaron a reflexionar y a sanar. Algunos afligidos siguen luchando, tratando de reproducir las Navidades pasadas. Algunos evitan la temporada por completo, mientras que otros comienzan nuevas tradiciones para las fiestas. Al igual que con el proceso de duelo en sí, no hay una forma ideal de afrontar las fiestas. Existen peligros y beneficios para cada uno. Es importante tener un plan que se adapte mejor a las personas implicadas.

No hace falta que se te ocurra una solución milagrosa para el dolor de un afligido durante las vacaciones. Es importante que lo abordes preguntándole cuáles son sus planes para las próximas fiestas. Esto puede darles la oportunidad de hablar de ello y les hace saber que eres consciente y te preocupas por su dolor.

FORMAS DE AYUDAR

Recuerda que el duelo no se puede "arreglar". El duelo es un proceso que hay que experimentar. Una gran manera de ayudar a los que están pasando por esta situación, puede ser asistiéndolos físicamente para aliviar las exigencias de la vida diaria mientras se recuperan.

Judith me contaba a menudo las formas en que muchas personas la ayudaron durante sus años de viudez. Tenía cuatro niños pequeños y una casa que mantener. La comida preparada que llegaba a su puerta se convertía en un valioso tesoro, ya que ella no era capaz de concentrarse en preparar la comida y todo lo demás. Hablaba de las señoras que se presentaban y simplemente venían a ayudar a limpiar o a fregar los platos. Algunas personas venían a ayudar a remodelar el sótano para hacerlo más utilizable. Los hombres se llevaban a los niños y les enseñaban a disparar o a esquiar. Acciones como esta realmente contribuyeron a su recuperación. Servir se convierte en lo mismo que reconfortar.

Señaló que los servidores más eficaces eran personas con las que tenía una buena relación. Curiosamente, había quienes no se esforzaban por construir una relación ni a través del servicio ni emocionalmente. Para ellos parecía más fácil hacer una "tarea simbólica" y evitar por completo su dolor y su situación. Pero ese enfoque de ayuda se queda corto cuando lo practican los amigos.

Cuando Judith estaba en fase terminal, unos amigos crearon un sitio web al que la gente podía acudir para apuntarse a llevar comidas a mi casa. Nuestro amplio círculo de amigos trajo comidas cada dos días durante tres meses y medio, lo que hizo que nuestra carga pareciera un poco más ligera. Asimismo, los ofrecimientos de venir a limpiar mi casa después de su funeral fueron muy apreciados. Aunque por lo general se puede hacer todo aquello, el duelo incapacita, o desvía, incluso a la persona más fuerte durante un tiempo.

EL TIEMPO ES UN ALIADO

Para el doliente que está inmerso en el proceso, EL TIEMPO ES SU AMIGO. Esto puede ser una noticia reconfortante y a la vez temible. Es reconfortante porque les asegura que el tiempo tiene un efecto curativo en su proceso de duelo. Sin embargo, puede causar temor a aquellos que desean que el duelo sea un evento corto que termine en un instante y no algo que se experimente durante mucho tiempo.

Tus comentarios deben reflejar la comprensión de que el tiempo será un ingrediente importante en su proceso de duelo. "Deberías dejar esto atrás", "Deberías seguir con tu vida", "La vida sigue, ya sabes" o "Lo hecho, hecho está" pueden dar una impresión equivocada sobre el tiempo y el duelo.

Puedes ser de más ayuda diciendo cosas como: "¿Cómo era cuando...?" o "¿Qué cosas han aliviado tu dolor?" o "No, no estás loco. Estás sufriendo" o "Recuerdo esto sobre tu cónyuge...".

« Punto a considerar »

Evitar a los dolientes socialmente, o evitar el tema de su pérdida, ahoga su proceso de duelo.

✓ QUÉ DECIR
× QUÉ NO DECIR

✓ **Este es uno de mis recuerdos favoritos de él/ella.**

× *Así que ahora estás solo. Qué pena.*

✓ **Has tomado las decisiones correctas en torno a su muerte.**

× *Al menos no está en vida vegetativa.*

✓ **¿Puedo llamarte en un aniversario que sea importante para ti?**

× *Tienes que sacar todas sus pertenencias de la casa lo antes posible.*

✓ **¿Puedo venir a buscar la lista de la compra el viernes?**

× *Lo que dices no tiene sentido. Reacciona.*

✓ **¿Puedo venir a ayudar a limpiar el martes?**

× *¿Qué se siente al haber sobrevivido a su muerte?*

× *Deberías agradecer que no haya sido peor.*

"El duelo, venga de donde venga, sólo puede resolverse conectando con otras personas".

THOMAS HORN

CAPÍTULO 5

CUANDO SE PIERDE A UN HIJO

Consolando a los que han perdido un hijo por cualquier medio

"Cuando un hijo muere antes que el padre, el mundo está al revés". (Antiguo proverbio chino)

Ruth y yo no hablamos mucho de su inminente muerte durante los siete años que luchó contra el cáncer. Estoy seguro de que nos habría servido bastante si hubiéramos hecho algo más. Una de las veces que tuvimos una charla seria sobre su ida al cielo fue en torno a nuestros hijos. Ella lloraba su propia muerte a menudo y sola. Solía decir que se sentía como si la estuvieran "sustituyendo" en la vida. El único tema doloroso del que hablamos era el de su duelo por la pérdida de nuestros hijos. "Probablemente no podré ver a sus hijos", murmuraba entre lágrimas. "Voy a echar de menos...". Repitiendo muchas cosas sobre nuestros hijos para las que no estaría allí. La vi acunar cariñosamente a nuestro hijo menor con una mirada lejana. Sabía que "se perdería" de ese vínculo en el futuro y trataba de disfrutarlo ahora.

Este nivel de pérdida era totalmente nuevo para mí. Me limitaba a escucharla mientras contaba sus penas. Y del mismo modo, escuchar es lo más poderoso que un amigo puede hacer por los padres que han perdido un hijo. El dolor se manifiesta de un modo inusualmente agudo y persistente. Un comentario irreflexivo como "Bueno, debe ser la voluntad de Dios" no ayuda en lo absoluto. Su dolor es profundamente emocional y no teológico.

EL MAYOR ESTRÉS

El estudio al que me referí en el capítulo cuatro sobre los factores de estrés en la vida, enumeró la pérdida de un hijo como el tercer factor más importante, después de la pérdida del cónyuge y de hablar en público. Sin embargo, hay factores de la pérdida de un hijo que pueden ser permanentemente asfixiantes. No importa cuántos hijos se tengan (yo tengo ocho), cada uno es único. Siempre habrá suficiente amor para cada hijo. Cada uno tiene su propio lugar permanente en el corazón de un padre. La pérdida de ese hijo nunca puede ser reemplazada. Un hijo es insustituible.

He oído a amigos llenos de buenas intenciones hacer más daño que bien a un padre afligido diciendo cosas irreflexivas como: "Siempre puedes tener otro", "Tal vez puedas conseguir un perro" y "Bueno, al menos no tendrás que pasar por... con éste". Descubrirás que siempre es mucho mejor identificarse con el dolor del padre con afirmaciones sencillas como: "No tengo ni idea de lo mucho que debes estar sufriendo ahora mismo".

Hace poco tuve el privilegio de conocer a Daniel Parkins en el sur de California. Nuestra conversación para conocernos acabó exponiendo nuestras recientes pérdidas. Me quedé intrigado mientras escuchaba su proceso para afrontar la pérdida de un hijo muy pequeño a causa de una grave enfermedad. Lo expone muy bien en su libro titulado Nineteen Days:

> No estoy seguro de poder explicar bien el sentimiento. Es demasiado profundo como para expresarlo con palabras. Es como han dicho muchos escritores y poetas a lo largo de los siglos: la rotura del corazón es peor que cualquier cosa que haya sentido, que cualquier cosa que haya escuchado, que cualquier cosa en el mundo y nada puede compararse con esto - quitarle a mi hijo el soporte vital, a mi hermoso Samuel a quien amábamos tan desesperadamente. Samuel, por el que rezamos tan fervientemente y que esperábamos y soñábamos. Samuel, el hermano menor, ahora iba a faltar en nuestras vidas por el resto de la condena que nos tocaba vivir. La verdad es que sentí como si estuvieran asesinando a mi hijo; sólo que yo no podía impedirlo. Me sentía impotente. (pág. 144)

Los Parkins fueron bendecidos con un círculo de amigos y colegas que sintieron el dolor con ellos y les dieron mucho tiempo y libertad para trabajar en su dolor. Les dolía el corazón, no la lógica a largo plazo. Daniel me señaló que una de las mejores cosas que recibieron de los demás fue que muchos simplemente estuvieron presentes para ellos e incluso les dieron abrazos silenciosos. Su pérdida y su dolor debían ser reconocidos, no explicados.

COMPROMISO A LARGO PLAZO

La pérdida de un hijo puede ser una de las más difíciles. Incluso la Biblia la considera una experiencia severa. "...ponte de luto y llora amargamente, como cuando se muere un hijo único..." (Jeremías 6.26).

Ayudar a un amigo o a un pariente que sufre la pérdida de un hijo puede ser un compromiso a largo plazo. A diferencia de otras pérdidas, la pérdida de un hijo vuelve a la mente de los padres de forma fresca cuando aparecen hitos no alcanzados por la vida truncada. Puedes ser de gran apoyo en estos momentos de duelo prolongado. El mero hecho de recordar con los padres puede ayudar a aliviar un corazón roto en el cumpleaños del niño o en el aniversario de su muerte. Una tarjeta o un mensaje de texto pueden contribuir a reconfortar a los padres.

La pérdida forma parte de nuestra existencia humana. Ayudarnos mutuamente en estos momentos normales aumenta nuestros vínculos con los demás y cumple el propósito de que estemos en la vida de otros.

EL LIDER LO PASA POR ALTO

Unos meses después del funeral de Ruth, me reuní con una pareja de misioneros que habían sido alumnos míos unos años antes. Acababan de regresar del extranjero, donde sirvieron como misioneros en una zona remota. Mientras estaban allí, sufrieron la pérdida de un hijo pequeño. Durante el año que siguió a esa tragedia, sus líderes les habían aconsejado que debían "superar" su pérdida y seguir adelante con su vida. Este consejo imprudente no hizo más que ahondar en su dolor emocional hasta que recogieron sus pertenencias y regresaron a casa.

Escuché su historia en su totalidad y expresé mi empatía por su dolor. Los pocos comentarios que hice provenían de lo más profundo de mi propia experiencia de duelo. En un momento dado, la esposa estalló: "¡Por fin un líder que entiende! Nadie más ha mostrado un oído comprensivo". Sus lágrimas fluyeron libremente. Los líderes de esa área no sabían qué decir. Por lo tanto, decir lo incorrecto alejó a esta querida pareja de la pasión de su vida.

Encontrarse ayudando a un amigo o a un familiar que ha perdido a un hijo puede ser impactante. Saber qué decir puede ser una gran ayuda en el proceso de curación para ellos. Es importante recordar todas las cosas habituales sobre el proceso de duelo que se encuentran en el capítulo dos. Además de estos puntos, algunas recomendaciones especiales pueden ser beneficiosas tanto para ti como para el doliente al que estás ayudando.

LOS HUMANOS SUFRIMOS

Es muy humano que los padres sufran tras la pérdida de un hijo. Emily Rapp, autora y bloguera frecuente de memorias, describió su experiencia al perder un hijo:

> Mi hijo Ronan murió la semana pasada antes de su tercer cumpleaños. Llevaba toda su vida con una enfermedad terminal, pero, como señaló sabiamente un amigo mío, "la muerte y el morir son muy diferentes". Ahora está muerto, lo que ha marcado el comienzo de una nueva etapa de duelo, que se caracteriza por una profunda tristeza y añoranza, pero que borra el pánico que forma parte del duelo anticipado.
>
> Ronan se libera de un cuerpo que no podía vivir en este mundo; como su madre, me libero de verle sufrir. Pero seguimos divididos, por siempre y para siempre. Lo lloro, lo extraño, estoy triste. Estoy enfadada, confundida, dispersa. Estoy feliz de que sea libre; estoy dispuesta a ser feliz. Soy humana.

Nada de lo que digas puede hacer desaparecer el dolor. Un comentario cariñoso no hará ningún daño.

Ayudar a sobrellevar la pérdida de un hijo puede ser una parte permanente de tu relación con el padre afligido. Puedes hacer cosas como enviar tarjetas "pensando en ti" en ocasiones especiales como el Día de la Madre o el cumpleaños del niño. Ofrecerte a hablar sobre la oleada de sentimientos que pueden sobrevenir a un padre afligido puede provocar lágrimas, pero recuerda que esas lágrimas no son por un daño que hayas creado. Las lágrimas forman parte del proceso de liberación.

CULPA

Los padres se sienten responsables del bienestar de sus hijos. Creen que deben proteger a sus hijos del daño e incluso del fracaso. Además de los atributos "normales" del proceso de duelo, tenemos que entender las posibles complicaciones de la pérdida de un hijo. En algún momento, algunos padres necesitan resolver el sentimiento de culpa. Es habitual que surja el sentimiento de que debieron o pudieron hacer -o no hacer- algo para evitar la muerte. Es normal. Aquí, de nuevo, los conceptos de las afirmaciones lógicas pueden no ayudar a la pérdida del corazón.

Una noche comprobé esta verdad de primera mano. Al final de un concierto me di cuenta de que el señor que se sentaba a mi lado llevaba una sudadera que indicaba que era del mismo estado en el que yo había crecido. Así que le pregunté de qué parte de Iowa era. Resultó que vivía a menos de 30 minutos de donde yo crecí.

Al principio de la conversación, nos hizo saber que su hija había muerto. Posteriormente, él y su mujer se trasladaron a su actual casa para estar cerca de su tumba. Más tarde supe que todo esto había sucedido hace más de cinco años. Mientras le escuchaba, me contó su dolor. Una semana antes del fatal accidente automovilístico de su hija, ella había sido violada en una cita y el padre sentía que podía haber hecho algo para evitarlo. Se me hizo evidente que su constante sentimiento de culpa había suspendido su proceso de duelo en el tiempo, manteniéndose muy vivo. Le animé a buscar a alguien con quien pudiera hablar del tema. Me aseguró que un pastor local estaba disponible para él. Cuando nos separamos, me entristeció que su culpa (imaginaria o real) impidiera que su alma sanara.

UNA PÉRDIDA DIFERENTE

La pérdida de un hijo tiene connotaciones muy diferentes a la pérdida de un padre, un hermano o un amigo. Los padres pueden llegar a decir que desearían haber sido ellos y no su hijo el que muriera. Este sentimiento puede perseguirles durante años. El dolor tras la pérdida de un hijo difiere de cualquier otra pérdida de una persona que puedas conocer y querer. Hay que aceptarlo y reconocerlo cuando sea necesario. Procura no intentar comparar la pérdida de un trabajo, un matrimonio o una mascota con ésta.

Además, decirle a un padre afligido que su hijo "está en un lugar mejor" puede ser más un insulto que un consuelo. Mostrar preocupación por el dolor de los padres es más útil. Un simple "no tengo ni idea de lo que sientes, pero estoy aquí para ti" es mucho más comprensivo. Incluso puedes ofrecerte a ayudarles a hacer algo físico, como las tareas domésticas o la limpieza del garaje durante los días difíciles. Invitarles a hablar de lo que piensan actualmente sobre su hijo puede ser de ayuda, independientemente del tiempo que haya pasado desde su muerte.

IRA

La ira puede ser muchas veces parte del proceso de duelo. En muchos casos se dirige incluso hacia el fallecido por haberse ido. Judith me dijo que sentía un poco de rabia hacia su primer marido por haberla dejado al morir.

En el caso de la muerte de un niño, la ira no suele dirigirse hacia él, sino que puede apuntar a un tercero.

Joy Swift, que perdió tres hijos por asesinato, explicó la expresión de la ira en un artículo titulado *"How to Survive the Death of a Child"* (Cómo Sobrevivir A La Muerte De Un Hijo):

Probablemente experimentarás fuertes sentimientos de ira, especialmente si la muerte de tu hijo ha sido causada por una persona en particular. En ese caso, tienes a alguien con quien arremeter, aunque sólo sea en tu mente.

Pero cuando la muerte es causada por un accidente o una enfermedad, tu ira puede confundirse. Es posible que la derrames sobre alguien que no se lo merece en absoluto: un médico, un policía, un socorrista, un amigo o incluso tu cónyuge. Yo expresaba mi ira con bastante libertad, pero George, un hombre pasivo, se guardaba la suya y hablaba con muy poca gente sobre cómo se sentía realmente. (Signs of the Times - diciembre de 1987)

TIEMPO

Comprender las necesidades emocionales básicas de quien ha perdido un hijo puede ser útil para ayudarles y entender lo que están viviendo. Estas complicaciones pueden añadir tiempo al proceso normal de duelo; muchos padres lloran la pérdida de un hijo durante años en vez de meses. Esto no significa necesariamente que necesiten asesoramiento profesional. Un oído comprensivo y empático ayuda mucho para saber qué decir.

En el español no existe una palabra para designar a un padre que ha perdido un hijo. Hay una palabra para alguien que ha perdido a su cónyuge: viuda. Hay una palabra para alguien que ha perdido a sus padres: huérfano. Esta falta de definición parece ser un reflejo de la ambigüedad de cómo se sienten los padres que pierden un hijo. Trata de entenderlo y no de explicarlo. Es probable que nunca entiendas del todo sus sentimientos, a no ser que hayas perdido un hijo de la misma manera que la persona a la que estás ayudando.

Hay que tener cuidado con la tendencia de alejarse de las personas que están sufriendo emocionalmente. Ver a un amigo o pariente luchar contra emociones como la ira puede ser duro. Tu presencia puede darles permiso para expresar su dolor y ser más libres. No dudes en hablar con ellos, con criterio, sobre la pérdida de su hijo, e invita a que te respondan. Los comentarios triviales, como "Bueno, siempre puedes tener (adoptar) otro hijo", sólo pueden multiplicar su dolor. Escuche en qué momento se encuentran sus sentimientos en lugar de referirse a una posible "solución" en el futuro.

ADOPCIÓN

La adopción suele considerarse un acontecimiento muy positivo. Poner a un niño en los brazos de unos padres dispuestos y cariñosos es algo bueno. La pérdida de un niño para el padre biológico, en muchos casos, se pasa por alto. La madre que ofreció a ese niño en adopción, si está viva, puede experimentar el proceso de duelo inmediatamente o a lo largo de su vida.

Louise eligió la adopción para su bebé:

> No era justo. Tenía náuseas matutinas al igual que las demás mujeres. Tenía una gran barriga de embarazada igual que las demás mujeres. Me sentía incómoda por la noche al recibir patadas en las costillas, igual que las demás mujeres. Pasé por los mismos dolores de parto que otras mujeres. Pero no era justo que saliera del hospital con las manos vacías.
>
> Luego, otra mujer, que nunca había sentido el dolor y la alegría del embarazo, entra en el hospital con las manos vacías y sale con un pequeño paquete rosa de alegría.
>
> Mi duelo fue una elección. Sabía que tenía que elegir cómo iba a criar a este niño. ¿Estaba realmente preparada para ser madre soltera? ¿O le doy este bebé a una pareja que está preparada y esperando para ser padres?
>
> Luché con esa decisión durante casi ocho meses. En mi corazón, sabía que la adopción era lo mejor para el bebé. Entonces empezó el duelo. La vida que crecía dentro de mí no era para que yo la criara. Decidí no dejarme llevar por la imaginación de dormir con un bebé en el pecho, ni de jugar, ni de que un niño diera sus primeros pasos hacia mí. Tuve la suerte de asistir a sesiones de asesoramiento en un centro de

embarazos en crisis. Allí pude hablar con otras madres que habían dado a su bebé en adopción. Sabía que los días más dolorosos aún estaban por delante.

El dolor de la pérdida era real. Me dolió. ¡Lloré! ¡Pasé por el embarazo pero mis brazos estaban vacíos!

Eso fue hace muchos años y, sin embargo, tengo un nudo en la garganta mientras escribo esto en este momento. El dolor de la pérdida siempre se sentirá, pero para mí es diferente a medida que pasan los años.

El apoyo de Louise en su proceso de duelo no comenzó hasta los días y semanas siguientes a la adopción. Fueron momentos críticos, sin duda. Era vital que le dieran seguridad en su decisión. Había que reconocer su profundo dolor. Comentarios como "Bueno, al menos no tendrás que enseñarle a ir al baño" serían más perjudiciales que útiles.

Encontraría más consuelo en la compañía, en las palabras de comprensión e incluso en las oportunidades de reflexión para empezar a desviar sus pensamientos hacia su propia curación. Como en muchas situaciones en las que se pierde un hijo, su dolor no es algo que "superará" en unos meses. Se convierte literalmente en parte de ella. En los meses, e incluso en los años venideros, puede ser útil seguir hablando del niño y darle la seguridad de que está muy bien.

DIVORCIO

El proceso de un divorcio afecta a toda la familia. Los síntomas de duelo no suelen estar asociados al proceso, pero suelen estar ahí. Uno de ellos puede ser la pérdida de los hijos. Esto puede ser tanto por la separación física como por la pérdida de la custodia.

Años después de su divorcio, la ex mujer de Michael solicitó la custodia completa de sus dos hijos adolescentes. Él la perdió. Michael describió su pérdida:

Dios mío, estoy perdiendo a mis dos hijos a la vez. Se han ido... al otro lado del país. Nunca volveré a ser parte de sus vidas cotidianas. Todo lo que tenía se ha ido. Ahora soy un familiar al que visitan en sus vacaciones. Cada parte de sus vidas en la que yo participaba ha sido interrumpida irremediablemente. Cada vez que los veo, la pena se manifiesta ante mis ojos. Cambios en el crecimiento, físicamente, mentalmente, diferencias en las actitudes... cada vez que los veo son personas diferentes, con matices y sombras de los niños que conocí antes. Los niños que conocí, los niños que crie, mis hijos ... se han ido. Dios, ¿por qué no tomar mis brazos y piernas, mis ojos ... por qué mis hijos? Tómalo todo. Toma todo lo que tengo. Deja a mis hijos. Cada texto, cada correo electrónico, cada llamada telefónica, cada sesión de Skype, hace que mi pérdida sea más real. Reabría la herida, con sal, con alcohol, con agua oxigenada... Ellos siguen adelante con sus vidas. Actividades, deportes, chicas, aprender a conducir, el baile de graduación, la escuela ... las llamadas se reducen, las sesiones de Skype cesan, los textos rara vez se devuelven porque han seguido con sus vidas dejándome atrás. La ira, el resentimiento, la amargura, el odio hacia quien provocó que esto ocurriera, quien los arrancó de todo lo que conocían y amaban y los trasladó a un lugar sin más amigos y familia que quien se los llevó, excepto en raras ocasiones. Todo apunta a los agujeros de tu vida. Los entrenaba a ellos y a su equipo... Eso ya no existe. Los partidos, las jugadas, llevarlos con sus amigos, dirigir tu vida en torno a las actividades de tu hijo, todo quedó truncado, cortado, quemado... perdido. El vacío ... el dolor ....

Apoyar a un padre en duelo que ha experimentado la pérdida de un hijo parecerá interminable. Su comprensión significará mucho. Prepárese para atenderles en muchos altibajos emocionales e incluso en algunas salidas en falso durante el proceso de recuperación. Un oído no crítico puede ser justo lo que más necesitan para superar un momento o un día de dolor. Los comentarios sinceros suelen ser más útiles que las afirmaciones lógicas.

"Nunca he estado donde tú estás, así que no sé exactamente cómo te sientes, pero me gustaría escuchar sobre tu proceso", puede ser una gran manera de ayudar a un padre dolido a avanzar hacia un lugar de libertad.

ABORTO

El número de abortos en nuestra sociedad ha aumentado drásticamente en las últimas décadas. Está documentado que se puede experimentar un estrés emocional, de ahí el creciente grupo de hombres y mujeres que pueden sufrir. Si eres o conoces a alguien que ha tenido un aborto, ya sea recientemente o en un pasado lejano, el proceso de duelo sigue siendo muy real. Al igual que muchas pérdidas, el duelo por un aborto se puede "disimular", aceptar o repartir a lo largo de una vida. Ser consciente de estas opciones puede ayudarte a ser de gran ayuda para la recuperación de quien lo está experimentando.

"No sé cómo alguien puede matar a su bebé", pueden ser palabras muy hirientes o repudiables en presencia de alguien que ha experimentado un aborto. La sensibilidad a largo plazo hacia los padres en duelo es una necesidad. Ayudar a una persona que se encuentra en lo más profundo del duelo por un aborto debe incluir conceptos de perdón. Puede ser necesario el perdón de los amigos y familiares, del niño no nacido e incluso de ellos mismos. Comprender la gracia y el perdón de Dios puede ser un comienzo. Un oído comprensivo puede ser una parte importante de su superación.

ABORTO ESPONTÁNEO

El aborto espontáneo es otra forma de perder un hijo a la que a menudo se le resta importancia. Los amigos y parientes pueden ser fríos o incluso groseros al ignorar el proceso de dolor o exigir que se acorte el proceso de duelo. Tenemos que ver esto como una pérdida en todo sentido.

En los casos de aborto espontáneo, la madre no sufre sola. El padre puede experimentar una variedad de heridas que necesitan ser procesadas. En su artículo "La Historia De Un Padre: De luto por el bebé que nunca tuvimos", Ian Wallach explica algunas respuestas que ha escuchado:

> Un mes después de la pérdida, recordé cada una de las historias o confesiones silenciosas de todos los hombres que conocía que habían experimentado algo similar, y los llamé. Un colega cuya esposa había dado a luz a un niño muerto se ofreció a pasar el rato y tomar una copa. Un amigo admitió que se sentía avergonzado al decirle a un compañero de trabajo que no quería asistir a un baby shower. Otro, que perdió a su hijo en la semana 35, me contó que se habían mudado de apartamento para escapar de la habitación del bebé que habían preparado. Dijo que no se ausentó del trabajo, ni un solo día, pero que seguía sin entender por qué extraviaba las cosas o se perdía en medio de las frases. Tras una pausa, me pidió que guardara un secreto y me dijo que estaban embarazados de nuevo pero que estaban demasiado asustados para decírselo a alguien.

Tu ayuda a los padres que han sufrido un aborto espontáneo debe ser a largo plazo. Dejarles un tiempo a solas para hacer el duelo ayuda, pero no tengas miedo de hablar del tema con ellos en unos meses e incluso años después. Una buena sugerencia que puedes hacer es que los padres en duelo celebren un funeral. Ayudará un poco a cerrar el duelo para ellos. También te sugiero incluir al bebé perdido cuando te refieras al número de hijos que tienen.

SIN HIJOS

El Día de la Madre puede ser una fecha difícil para algunos. Las personas mayores y solteras a las que les gustaría estar casadas y tener hijos pero no lo consiguen pueden ver el Día de la Madre y el Día del Padre como un recordatorio de su decepción personal y sus sentimientos de fracaso en el ámbito familiar. El día en que se celebra el papel que les falta puede desencadenar un dolor que no parece desaparecer.

Shawn y Jenn son amigos de mi familia desde hace mucho tiempo. Su vida ha sido muy plena desde que se casaron hace muchos años, lo que incluye una fuerte relación entre ellos y una carrera muy productiva juntos en una organización religiosa sin fines de lucro. Les falta una cosa. No tienen hijos.

Jenn ofreció algunos comentarios sinceros sobre su travesía de esperanza y desilusión con respecto a tener hijos en su blog personal:

> Es complicado. Y no hay un marco temporal. El corazón roto no siempre se puede explicar, pero está ahí. Y la más pequeña cosa puede revolverlo todo de nuevo. Está la mentira de que a nadie le importa y que la gente está cansada de oírlo. Existe la mentira de que seremos viejos y nos sentiremos solos y seguiremos añorando a esos seis bebés que nunca pudimos sostener, criar: el legado que nunca fue. Es duro y duele. Es la pena, la pérdida, la duda y, a veces, la culpa, todo ello metido en una caja de forma extraña. Una gran parte del proceso de duelo después de la FIV [fecundación in vitro] (x3) es saber que se ha hecho TODO lo posible con los tratamientos y procedimientos médicos y quirúrgicos más avanzados. Es dar dos pasos hacia el cierre, aceptar que serás 'la pareja sin hijos', y luego caer de espaldas al pensar en las mañanas de Navidad siendo sólo nosotros dos - para siempre.

ASESINATO Y SUICIDIO

Las muertes violentas son siempre traumáticas. En el caso de la muerte violenta de un niño, ya sea arrebatada por ellos mismos o por otros, aumenta la amplitud de la pena. El horror y el profundo pesar multiplican el dolor. El alcance de este duelo se expande de forma inexplicable para muchos padres.

En una entrevista realizada por Timothy C. Morgan el 28 de marzo de 2014, Kay Warren intenta expresar con palabras su pérdida. Ella y su marido, el pastor Rick Warren, habían perdido un hijo por suicidio un año atrás:

> Gracias a nuestro amor, concebimos un hijo juntos. Lo hice nacer de mi cuerpo. Era una parte de mí. Una parte de mí que ya no está aquí. ¿Cómo puedo ser la misma? Como pareja, como familia, éramos cinco; ahora somos cuatro. Nuestro hijo se suicidó de la manera más cruda que puedo contar. El suicidio es un autoasesinato. Nuestro hijo, el asesino, fue él mismo. El trauma de saber lo que se hizo a sí mismo, cómo destruyó el cuerpo de este niño que amábamos. Lo hizo para acabar con el dolor. ¿Cómo podríamos volver a ser los mismos? El trauma te cambia. No puedo volver a ser quien era. (*Christianity Today*)

Al acompañar a los padres en esta forma de duelo, tendrás que aceptar el hecho de que su dolor será prolongado. De hecho, estarías mejor preparado para ayudarles si esperas que su dolor aumente con el tiempo en lugar de disminuir. Ten cuidado con la verborrea que les empuja a "superarlo". El objetivo de un padre en duelo es superar el proceso, no superarlo. El consuelo de tener otros hijos, si es que es así, no sirve de aliento para el que ha perdido.

A menudo, unas simples declaraciones de tu amistad y apoyo continuos harán más bien que los intentos de hacer desaparecer su dolor. Mantén el contacto con ellos a través de las redes sociales y los mensajes de texto si las visitas improvisadas parecen estar fuera de lugar. Mostrarles tu apoyo será más significativo que decirlo.

« Punto a considerar »

Las palabras de consuelo deben girar en torno a los sentimientos del doliente, no a la incomodidad del simpatizante.

✓ QUÉ DECIR
× QUÉ NO DECIR

✓ **Háblame de tu hijo/amado. ¿Cómo era?**

× *Tu hijo está en un lugar mejor. Dios necesitaba otro ángel.*

✓ **Yo también le echo de menos.**

× *Deberías estar feliz por el tiempo que has pasado con él/ella.*

✓ **Hiciste todo lo que podías hacer en ese momento.**

× *¿Cómo vas a perdonarte a ti mismo?*

✓ **Rezo por ti y por tu familia.**

× *Bueno, al menos no tendrás que enseñarle a ir al baño.*

✓ **No tengo ni idea de la profundidad de tu dolor pero estoy aquí para ti.**

× *Siempre puedes tener/adoptar otros hijos.*

× *Tienes suerte de tener al menos otros hijos.*

"Si quieres conectar con la gente que está angustiada, muy apenada y asustada, tienes que hacerlo de una manera determinada. Yo me muevo con cierta lentitud. Hablo un poco despacio. Les hago saber que les respeto".

JAMES NACHTWEY

CAPÍTULO 6

CUANDO LA MUERTE SE LLEVA A UN AMIGO O FAMILIAR

Cómo ayudar a quienes han perdido a alguien cercano ante la muerte

"No quería que el abuelo muriera", expresó mi primo entre lágrimas. Estábamos sentados en la parte trasera de la funeraria en la zona rural de Iowa. Con siete años, apenas tenía idea de lo que había pasado. Mi abuelo sólo tenía 62 años y su infarto fue repentino. Como no me sentía cercano a él, no experimenté la pérdida emocional. Pero el dolor de los que me rodeaban era evidente, incluso para mí.

RASGOS DE LOS DOLIENTES

Obviamente, hay muchos factores que afectan al proceso de duelo, como la edad, la definición de la relación, la personalidad, el tipo y modo de pérdida. En los casos en los que la pérdida se debe a la muerte (es decir, no al traslado por divorcio, guerra o encarcelamiento), el proceso de duelo puede variar en función de si la muerte fue repentina, como la de mi abuelo, o si se produjo durante un largo periodo de tiempo, como ocurre en una enfermedad terminal. La difunta Dra. Elisabeth Kubler-Ross observó que la respuesta a una enfermedad terminal puede incluir la negación, la negociación, la ira, la aceptación y la depresión. En estos casos, es posible que estos "rasgos" no aparezcan en la experiencia del doliente tras la muerte del ser querido porque se han trabajado antes de que se produzca la muerte. Sin embargo, cuando la muerte es repentina (como en el caso de mi abuelo), esas etapas pueden formar parte del proceso del doliente.

Muchos sostienen firmemente que todo aquel que experimenta una pérdida de cualquier tipo "debe" pasar por las distintas etapas o rasgos del doliente, tal y como promovía la Dra. Kubler-Ross. Sin embargo, no todos están de acuerdo. El Dr. James E. Means, en su libro *A Tearful Celebration*, expresa su desacuerdo:

> No sirve de nada analizar el duelo intelectualmente como hacen los eruditos. Una discusión objetiva y fría sobre el significado o las etapas de la experiencia del duelo no tiene ningún valor, y posiblemente incluso sea perjudicial para el afligido. En los últimos meses, nada me ha resultado tan desagradable como la sensación de que me examinan quienes intentan determinar en qué "fase" del duelo me encuentro o qué progresos he hecho hacia la "plenitud". Los débiles, y a veces ridículos, intentos de separar el duelo y analizarlo académicamente me resultan ofensivos, ya que vivo a diario la odisea personal del dolor. (pág. 52)

NECESIDAD DE SUFRIR

Es muy importante darse cuenta de la necesidad de sentir dolor de alguna manera, independientemente de cuál sea su relación con el ser querido perdido. Algunos intentan minimizar esto con la lógica de que no estaban casados con esa persona o "sólo era un tío y no mi padre". No obstante, es necesario tener la libertad de hacer el duelo. Muchas veces, lo mejor es permitirle a la persona que haga su duelo. Se ha citado a Zig Ziglar diciendo: "Si no hubiera amor, no habría duelo". Ayúdales a darse cuenta de que el duelo no es un signo de debilidad, sino simplemente el reconocimiento de que han perdido a alguien a quien aman.

"Sin embargo, no sé qué pasa dentro de mí", admitió finalmente. "Es como si estuviera recordando dolorosamente a Judith junto con mi madre".

"Ya veo lo que pasa ahora", respondí. Me di cuenta de que, cuando visitaste a Judith antes de que muriera, "mantuviste la compostura" y no lloraste. Ahora que ha ocurrido este otro acontecimiento cargado de emociones, está sacando a relucir ese dolor no resuelto para procesarlo. Eso es bueno".

"Eso lo explica perfectamente. Ahora sé que no estoy loca", comentó aliviada.

La persona con la que hablé era una amiga muy cercana a mi esposa. Ahora, un año después, ella había vivido un acontecimiento muy emotivo en su matrimonio (que acabó siendo positivo). La razón por la que me llamó fue que no veía cómo la emoción de la situación actual estaba conectada con los sentimientos de pérdida que todavía tenía por Judith y también por su madre.

Su historia es un gran ejemplo de que el dolor no superado, que ha sido "encapsulado" y no liberado, resurgirá más tarde. No desaparece. La próxima vez que ocurra un acontecimiento profundamente emocional en nuestra vida, puede volver a aparecer para ser procesado. Es muy importante que todos estemos atentos a nuestro propio dolor personal y lo asumamos plenamente.

UNA NUEVA PARTE

El dolor del duelo por una pérdida nunca desaparece realmente. Simplemente se convierte en una parte de ti.

Experimenté esta verdad en el servicio conmemorativo de un amigo que murió en sus treintas. Por supuesto, me entristecí por la pérdida de la familia al comienzo del servicio, pero no estaba totalmente preparado para la forma en que los acontecimientos de ese momento me afectarían. En dos ocasiones durante esa celebración mis lágrimas fluyeron libremente. La primera vez fue cuando Luke, su hijo de 10 a 11 años, lloró abiertamente. Mientras le veía y oía echar de menos a su padre, sentí su dolor desde lo más profundo.

Reflexioné sobre el porqué de esta respuesta. Me vinieron a la mente dos posibilidades. La primera es que uno de mis hijos tenía entre 10 y 11 años cuando le dije que su mamá había muerto y lo sostuve en mi regazo durante un rato mientras lloraba. Sin embargo, mi segunda opción es lo que realmente ocurrió. Yo era ese niño de 10-11 años hace 53 años. Mi padre había muerto repentinamente a los 30 años y era YO quien realmente había experimentado las emociones que Luke mostraba. Verle me devolvió esa parte de mí que me había dolido de forma similar hace tanto tiempo. Era una parte de mí... en el fondo. Y estaba bien.

Como he dicho muchas veces, nos corresponde darnos cuenta de la realidad del dolor, afrontarlo adecuadamente y ayudar a los que conocemos a hacer lo mismo.

CULPA

Steph empezó a tener dolores de cuello y de cabeza meses después de la muerte de su suegra. Acudió a varios médicos en vano. Dormir se convirtió en algo muy difícil de lograr. Paralelamente, se propuso repasar los acontecimientos que rodearon la muerte de su suegra. Steph revisó sus acciones en respuesta a la noticia de su enfermedad terminal. "¿He hecho lo suficiente? ¿Creí que mamá se curaría con la suficiente fuerza? ¿Fue mi falta, de alguna manera, responsable de su muerte?". Estas preguntas, y otras, volvían a su mente de vez en cuando, provocando un profundo sentimiento de culpa.

Dieciocho meses después de su pérdida, Steph estaba en un servicio de la iglesia rezando, mientras sentía el gran peso de la culpa. Una persona nueva en la iglesia que estaba junto a ella se inclinó y dijo: "Dios quiere que sepas que tu conciencia está libre ante Él". Ella le pidió que repitiera su comentario. A medida que la profundidad de esta afirmación llegaba, su dolor de cabeza se desvaneció definitivamente. Ya no había culpa.

La cercanía del pariente que ha muerto determinará el nivel de dolor que se sienta. La pérdida de uno de los padres puede hacer que la persona se sienta abandonada, incluso huérfana, mientras que la pérdida de un pariente lejano puede hacer que el dolor se deje de lado en lugar de hacerse realidad. En cualquier caso, hablar de nuestros sentimientos con una persona que no intente "arreglarlos" puede ser de gran ayuda.

COSAS QUE HACER

En el caso de que la relación no haya sido estrecha, los sentimientos profundos no suelen dominar la experiencia del doliente. Sin embargo, no hay que minimizar su pérdida. Una amiga mía perdió a un primo hace un par de años. Sintió la pérdida de la amistad y el amor de su primo, pero no experimentó un duelo "profundo" como otros. Se le ocurrió una idea que la reconfortó. Compró un par de rosales y pidió que los plantaran en su honor. Sé de otro hombre al que le costó mostrar sus sentimientos cuando murió su madre, así que, para expresar su pérdida, colocó un arreglo conmemorativo en su honor para que lo viera el público.

Entre los ofrecimientos más sensatos que pueden ayudar a una persona a expresar sus sentimientos se encuentran los siguientes: "¿Puedo ayudarte a hacer algo en memoria de tu ser querido?" o "¿Has pensado en escribirle a tu ser querido una carta simbólica para decirle lo mucho que le echas de menos?".

Comprender la profundidad de la relación entre el doliente y la persona que perdió te dará una mejor idea de lo que debes decir. Comentarios reflexivos similares a los siguientes pueden ser de gran ayuda para el doliente: "¿Hay algo que pueda ayudarte a hacer en memoria de tu ser querido?" o "¿Puedo acompañarte alguna vez a una reunión de ayuda para la recuperación del duelo".

LIBERTAD PARA EXPRESARSE

Unos 18 meses después de la muerte de mi esposa Ruth, murió mi madre. Luego, unos 18 meses después de la muerte de mamá, murió mi abuela (su madre). Noté que uno de mis hermanos no expresó mucho su dolor en el funeral de nuestra madre. Entonces, justo antes del funeral de nuestra abuela, de repente se derrumbó emocionalmente y estuvo llorando durante mucho tiempo. Me acerqué a él con un fuerte abrazo. Al recuperar la compostura dijo sabiamente: "Bueno, creo que realmente necesitaba sacar eso". Estuve de acuerdo. Los escoceses tienen un dicho que dice que "algunas cosas es mejor sentirlas que contarlas". El duelo puede ser así a veces. Podemos ayudar a los dolientes al permitirles esa expresión de dolor de cualquier manera que se adapte a su situación.

Una conversación profunda sobre la persona perdida puede ser muy útil. Hay que tener cuidado con el pensamiento erróneo de que decir el nombre del fallecido aumentará su dolor, porque en realidad ayuda a aliviarlo. Utilizar el nombre del ser querido en una conversación con un doliente suele abrir la puerta a la expresión de su emoción y dolor, lo que puede favorecer el lento proceso de curación que requiere el duelo. De todas formas, es probable que estén pensando en ellos. Al mencionar su nombre, les da permiso para expresarlo.

SIN PLAZOS

Una de las cosas que he observado sobre el duelo por la pérdida de un familiar cuando no es un cónyuge o un hijo gira en torno a la tendencia a extender el proceso de duelo a lo largo de un periodo de tiempo más largo.

Los meses que siguieron a la muerte de Judith estuvieron plagados de mis experiencias de atravesar el proceso de duelo por completo. Dado que mi vida cambió tanto a diario con su ausencia, me "volqué" en el proceso, metido de lleno en la resolución de mi dolor y en la redefinición de mi vida cada día. Mis ocho hijos, sin embargo, volvieron a sus rutinas diarias con todos los horarios y responsabilidades que conllevan las familias jóvenes. Por pura logística, tuvieron que centrarse más en hacer vida y, en muchos sentidos, dejaron de lado la pérdida de su madre durante gran parte del día. Eso no significa que no hicieran su duelo. Todos lo hicieron bien. Simplemente implica que tuvieron que lidiar con su dolor en periodos más cortos para recordar a su madre. Este proceso de "reparto" se tradujo en un duelo más prolongado. Por tanto, el tiempo del proceso de duelo puede ser más largo cuando se pierde a un familiar y debemos ser comprensivos con ellos.

Mi experiencia de concentrarme en mi dolor fue similar tras la muerte de Ruth. Experimenté intencionadamente mi duelo e incluso busqué consejeros que habían "estado allí, hecho eso". La mejor amiga de Ruth de la escuela de enfermería no tuvo esa oportunidad. Tras la muerte de Ruth, tuvo que llevar a sus hijos al colegio y volver a trabajar en el hospital. Hablé con ella más de un año después. En esa conversación me di cuenta de que su sentimiento por la pérdida de Ruth estaba todavía muy, muy fresco. Al año siguiente la visité a ella y a su marido. En ese momento, de nuevo, me di cuenta de que seguía echando de menos a Ruth como si hubiera muerto el mes pasado. Una vida ajetreada la había obligado a dejar su duelo "en espera" la mayor parte del tiempo. Esto no disminuía el hecho de que necesitaba procesar su dolor. Sólo determinaba el tiempo que tardaba en hacerlo.

LAS PRIMERAS VECES

En la mayoría de las experiencias de duelo las "primeras veces" son muy importantes. Las primeras vacaciones, el primer cumpleaños o incluso la primera visita a los amigos y familiares comunes después de una pérdida pueden ser duros y/o sanadores. Una buena manera de ayudar a los dolientes que conozcas puede ser recordar estos momentos con ellos. A menudo, una llamada, una tarjeta o una visita para recordar al ser querido perdido puede ayudarles mucho a sanar. No esperes ni pretendas que te lo pidan. Puede que ni siquiera comprendan cómo estos momentos pueden cegarnos emocionalmente después de una pérdida.

TU RELACIÓN

Si estás en la lista de amigos o familiares comunes de alguien que ha perdido a un pariente cercano, podrías considerar la posibilidad de asegurarle al doliente que tu relación con él sigue siendo estable. Tras la muerte de Ruth, una de sus mejores amigas estaba en nuestra escuela dominical. En el funeral dejaron claro que "si alguna vez necesitaba algo" estarían allí. Sin embargo, noté que poco a poco se alejaban de mí. Un par de años después, incluso llamé para organizar una visita y me rechazaron. A menudo, la pérdida de un familiar puede provocar incertidumbre en otras relaciones. Puedes ayudar siendo muy proactivo a la hora de asegurarles que tu relación con ellos sigue siendo sólida.

HONESTIDAD

La sinceridad es la mejor política. Si no has experimentado la misma pérdida que la persona a la que quieres ayudar, no digas que lo entiendes. Es mejor que simplemente le preguntes cómo se siente. Las preguntas capciosas también ayudan a que la expresión sea verdadera. Fingir que simpatizas no ayuda a nadie. La empatía va más allá. Afirmaciones como "Debe ser duro perder a tu madre" se reciben más fácilmente que la simpatía falsa o decir cosas que no provienen de una experiencia real. Los intentos débiles de relacionarse, como decir "sé cómo te sientes. Una vez perdí un gatito", no serán de mucha ayuda.

Exigir a un amigo o familiar en duelo que deje de sufrir o que "supere" su dolor rara vez funciona. Para empezar, es importante tener en cuenta que el duelo evoluciona como un proceso variable y no como un acontecimiento. Una respuesta mucho mejor a las necesidades de un doliente sería: "¿Cómo puedo ayudarte a superar tu dolor hoy?". A veces esto requerirá que te acerques a sus vidas para poder discernir las pequeñas formas en que puedes ayudarles.

Ayudar a alguien que ha sufrido una pérdida puede requerir un pequeño esfuerzo adicional. Es posible que incluso tengas que superar tu propio miedo al dolor para acompañar a la persona que necesita seguir avanzando hacia una posición de superación.

CÓMO AYUDAR

Los amigos que empezaron a mostrar preocupación por MI dolor fueron los que más me ayudaron con el paso del tiempo. Comentarios como: "Te debe doler mucho", fueron mejores que aquellos que trataban de disminuir mi dolor. Quienes desean ayudar al doliente deben darse cuenta de que el tiempo y la conversación hacen más por la recuperación que un sermón. Citando a Anne Cetas, "Cuando alguien está de duelo, escúchalo, no lo sermonees".

Comprender mejor el proceso de los dolientes en su vida será de gran provecho para su proceso de curación. Superar el período de duelo con éxito puede ser aún más fácil cuando uno tiene amigos y consejeros que le ayudan y no que se alejan prematuramente.

Meses después de la muerte de mi esposa Judith, recibí muchas peticiones para compartir cosas que había aprendido en mi proceso de duelo hasta ese momento de mi vida. Estas experiencias fueron útiles para mí y, según descubrí, también lo fueron para otros. Un día, tras un par de eventos de este tipo, me di cuenta de que no debía "atesorar mis lecciones". Fue ese pensamiento el que me impulsó a escribir este libro para ayudar a otros. Como dijo Dag Hammarskjöld: "No podemos permitirnos olvidar ninguna experiencia, ni siquiera la más dolorosa".

Muchos amigos sin mala intención trataron de decirme cosas que pusiera fin a mi dolor antes de tiempo. Es cierto que el proceso consiste en superar el dolor de la pérdida. El problema viene cuando se intenta disimularlo u "olvidarlo" y se pierden las lecciones. Estas lecciones pueden ser de gran beneficio para ti, así como para otros. La pérdida y el proceso del duelo se convierten en una parte de la vida de la persona afligida, no en una experiencia que deba olvidarse. Ayudarles a digerir sus experiencias y sentimientos es mucho más saludable que intentar ayudarles a olvidar.

Puedes ayudar a la persona afectada por su pérdida animándola a que escriba sus experiencias y sentimientos hoy para que pueda recordarlos y utilizarlos más adelante. También puede ser útil ofrecerse a ayudar a elaborar un álbum de recortes, de fotos o de diapositivas del ser querido como recuerdo. Puede ser reconfortante sentir que hay formas de ayudar a la gente a no olvidar a su ser querido.

Escribir una "carta de duelo" de cualquier tipo ayuda a algunas personas a superar su dolor. Hace poco encontré un ejemplar mientras ordenaba mis archivos. Encontré una carta escrita por una de mis hijas a su madre meses después de su muerte. En ella, mi hija describía simplemente los acontecimientos y el proceso de su dolor tras la muerte de su madre. Por supuesto, esta carta nunca fue enviada. No podía enviarse. Sin embargo, la simple expresión le sirvió de desahogo.

En algún momento, para poner fin a su dolor, podrías sugerir esta idea a la persona afectada.

PARTICIPAR

Ayudar a alguien que ha experimentado la pérdida de un cónyuge puede requerir un compromiso que va más allá de una "palabra" o un solo acto.

Tras la pérdida de su primer marido, Judith luchó por mantener el rumbo de las decisiones de la vida. No sólo perdió a su marido, sino que también tenía las obligaciones del hogar y el cuidado de cuatro niños pequeños. Tres parejas de su círculo de amigos decidieron formar un comité para ayudarla a tomar decisiones relacionadas con su familia y sus finanzas. Esta ayuda práctica se convirtió en el estabilizador que más necesitaba en esa etapa de su vida. Recibió ayuda de su grupo asesor durante varios años.

No todas las ayudas para los afligidos necesitan ser mantenidas durante años. Sin embargo, hay que pensar más allá de ofrecer ayudas puntuales. Una vez más, el alivio del duelo no es una solución rápida, sino un reconocimiento del dolor y un apoyo al proceso, ya sea de manera emocional o física.

« Punto de reflexión »

Los afligidos no buscan declaraciones lógicas ni que se les diga lo que tienen que hacer. Lo que necesitan es que se les escuche.

✓ QUÉ DECIR
× QUÉ NO DECIR

✓ **Su recuerdo vivirá en mi corazón.**

× *Su tiempo se acabó. La muerte era su destino.*

✓ **¿Puedo llevar a los niños al zoológico el sábado?**

× *(no decir nada y evitar todo contacto)*

✓ **Me he acordado mucho de ti últimamente y te quiero.**

× *Tienes suerte de haberlos tenido en tu vida durante el tiempo que lo hiciste.*

✓ **Sé que te quería/dependía mucho de ti.**

× *Al menos tuvo una buena vida.*

✓ **Él/ella sabía lo mucho que le querías.**

× *Entiendo su dolor. Una vez perdí a alguien.*

× *Hay que recordar sólo lo bueno y olvidar todo lo malo.*

"Permitir que los niños muestren su culpa, que muestren su dolor, que muestren su rabia, elimina el peso de la situación".

MARTHA BECK

CAPÍTULO 7

CUANDO LOS NIÑOS VIVEN EL DUELO

Ideas y ayuda para acompañar a los más pequeños en su duelo

Sugar Bear, un perro doméstico de tamaño mediano, se unió a nuestra familia cuando mis hijos eran pequeños. Un día, ocurrió algo malo entre Sugar Bear y un vecino que ya era problemático. Supe que no podíamos seguir teniéndolo como mascota. Así que les dije a mis hijos que Sugar Bear tendría que irse a vivir con otra persona. Mi hija mayor se puso a llorar. Seguí mi primer instinto. Le ordené que se callara y dejara de llorar inmediatamente. ¡ERROR! No fue hasta mucho más tiempo después que me di cuenta de que no le estaba enseñando una forma sana de afrontar su pérdida. En lugar de eso, habría sido mejor que la hubiera apoyado mientras lloraba y le hubiera dicho: "Está bien llorar".

Once años después de aquel suceso me enfrenté a la horrible tarea de decirles a mis hijos que su mamá había muerto esa mañana.

Ruth murió temprano en la mañana mientras los niños aún dormían. Dos enfermeras, ambas amigas de la iglesia, estaban ayudando con los cuidados de Ruth esa mañana. Vi a Ruth dar su último aliento, me despedí de ella y lloré desconsoladamente. Mi siguiente preocupación tenía que ser la de los niños. Decidí no decírselos todavía. Quería evitarles el terror de ver cómo se llevaban el cuerpo sin vida de su madre fuera de la casa. Así que cerré la puerta del dormitorio y seguí con la rutina normal de la mañana.

TU MAMI HA MUERTO

Llevé a los niños al colegio y luego hice las llamadas necesarias al médico y después a la funeraria. Finalmente, con la habitación vacía, llamé al colegio para ir a buscar a mis cuatro hijos. Volvimos a casa en silencio. Al llegar a nuestra entrada, me dirigí a mis sombríos hijos y comencé. " Ya saben que mamá ha estado muy enferma durante mucho tiempo. Bueno, esta mañana ha muerto y se ha ido al cielo. Ahora tenemos que seguir sin ella". Cuando mis hijos empezaron a llorar, al principio en silencio, me acerqué a mi hijo de 11 años y lo atraje a mi pecho para que llorara.

Seguimos sentados en silencio durante lo que parecieron horas. Finalmente, sugerí que entráramos en la casa. Cada niño se fue a su habitación. Comprendiendo la importancia de expresar y afrontar abiertamente la pérdida, no me conformé con la sesión de llanto silencioso que habíamos tenido en la camioneta. Metódicamente, fui a la habitación de cada niño y les hablé del significado y las implicaciones de la muerte de su madre. Quería que cada uno de ellos tuviera la libertad de llorar en privado y de verme llorar delante de ellos. Y lo hice. Por supuesto, la forma en que les hablé a cada uno fue específica para su edad, pero efectiva. Empecé, lo mejor que pude, a supervisar el proceso de duelo de cada niño.

Fui contundente sobre lo obvio, señalando que se había ido y que tendríamos que seguir viviendo sin ella. Que sería difícil vivir sin ella y que eso dolía mucho.

No he protegido a los niños del proceso de cierre. Me acompañaron a elegir un ataúd para su madre. Estuvieron a mi lado en el velatorio para ver y recibir el consuelo de sus amigos. Caminaron conmigo por el pasillo de la iglesia delante del ataúd en su funeral. Vi cómo los amigos y familiares les prestaban atención a ellos y no sólo a mí durante las visitas de consuelo. Hablamos de ella en la mesa durante meses. Nuestros álbumes de fotos familiares cobraron mucho más valor.

APROPIADO PARA SU EDAD

Puede ser un error asumir que un niño pequeño no tiene idea de la muerte. Oyen hablar del tema en las conversaciones, en las películas y de boca de sus amigos. Los niños aprenden a responder a los acontecimientos de la vida observando a los adultos que les rodean. Sin embargo, la forma de hablar a un preadolescente es diferente que con un niño de 5 años. La psicóloga húngara Maria Nagy ha explorado el significado de la muerte para niños de distintas edades. Entre los tres y los cinco años, niegan que la muerte sea definitiva; es como el sueño, o como un padre que se va al trabajo o a unas breves vacaciones. Entre los cinco y los nueve años, los niños aceptan la idea de que alguien ha muerto, pero hasta los diez años no comprenden que ellos mismos deben morir. (*Revista de la Facultad de Medicina de Harvard*)

Mi hijo menor tenía once años cuando murió su madre. Creo que hizo el duelo lo mejor que pudo para su edad. Unos diez años después ocurrió algo que nos tomó a ambos por sorpresa. Para ese entonces ya estaba casado.

Todos nos habíamos mudado del estado donde se encuentra la tumba de Ruth. La vida había seguido adelante. Aaron había vivido la pérdida, la unión de dos familias, la finalización de los estudios y el matrimonio. Incluso había trabajado con su mujer en una empresa funeraria. Viajaron por Michigan y decidieron parar para visitar la tumba de Ruth. Mientras Aaron miraba la lápida de su madre, de repente rompió a llorar. Había llorado su muerte cuando era niño. Ahora lloraba su pérdida como adulto.

COSAS QUE AYUDAN

Ayudar a un niño a enfrentarse a una pérdida por muerte puede ser fundamental para ayudarle a afrontar cualquier tipo de pérdida el resto de su vida.

Sandra Aldrich perdió a su marido cuando sus dos hijos eran pequeños. Registró sus observaciones y experiencias en su libro *Living Through the Loss of Someone You Love*. "Lo más importante que podemos hacer por un niño en duelo es hablar con él, y escuchar sus observaciones. Los niños tienen muchas preguntas que a menudo no pueden articular. Pero un adulto consciente puede ayudarles a ordenar las emociones conflictivas". (pág. 195)

Sandra continúa en el capítulo seis de su libro proporcionando puntos útiles para lidiar con los niños y la pérdida:

- Cuéntale inmediatamente al niño
- Sé sincero
- Cuenta sólo lo que el niño pueda soportar
- Anímalos a expresar sus sentimientos
- Permite que asistan al funeral
- Llévalos al cementerio
- Déjalo que hable
- Fomenta la comunicación
- Ponte de su lado
- Valida los sentimientos del niño

LOS ADULTOS SON LA CLAVE

Ayudar a un niño en su duelo puede ser algo incierto. Entre las variables se encuentran la edad del niño, la relación que tuvo con la persona perdida y cómo ese niño ve a los adultos en su vida lidiar con la pérdida. Es un gran error evitar el tema de la pérdida con la idea de que el silencio trae la curación. No es así. Los niños no siempre saben cómo pensar en cosas difíciles o cómo responder. Los adultos desempeñan un papel fundamental para ayudarles a pasar por el duelo. No hay que esperar a que el niño se abra y hable de ello. A menudo, un adulto de confianza que le incite a hablar rompe la barrera del silencio entre el dolor y la curación.

La sinceridad sobre la muerte es imprescindible. Comentarios como "el abuelo está dormido" sólo pueden aumentar la incertidumbre del niño. Expresar abiertamente tus propios sentimientos de una forma similar a "voy a echar mucho de menos al abuelo" y "lloro cuando pienso en el abuelo" puede ser útil para mostrarle al niño cómo se vive el duelo.

La preocupación por un niño afligido se puede convertir en ayuda con encuentros cariñosos en los que el niño sea libre de responder a su pérdida. A menudo, alguien no tan cercano a la situación tiene más éxito ayudando a un niño que sus seres queridos. Mi hijo mayor estaba terminando el instituto cuando murió su madre. Los padres de su amigo le ayudaron mucho durante el año siguiente a la muerte de Ruth. Lo abrazaban y le decían cosas como: "Tu madre estaría orgullosa de ti". O: "Debe ser duro echar de menos a tu madre".

Evita añadir vergüenza a la pena del niño forzándolo de alguna manera a llorar delante de personas con las que no se siente cómodo. A diferencia de lo que hice con Sugar Bear, no hay que obligar al niño a reprimir su dolor. Al igual que con los adultos, crear un "monumento" para el ser querido perdido, dibujar un cuadro, escribir una carta o incluso montar su propio álbum de fotos, puede ser beneficioso para un niño. Ten en cuenta la edad del niño cuando hables del duelo. Los adultos no deben confiar demasiado en el niño en lo que respecta a su propio proceso de duelo.

El día que Judith murió teníamos 24 nietos. Cada uno de ellos tuvo la oportunidad de venir en persona a nuestra casa, despedirse de ella y llorar su partida con sus padres. Adicionalmente, le pedí a mis hijas que prepararan e imprimieran un libro de fotos que incluyera una página especial con fotos de Judith con cada uno de los nietos, una página por nieto. Se los regalé a cada uno de ellos en Navidad (3 meses después). Muchos de ellos miraron ese libro todas las noches durante meses. Más que un recuerdo, era una ayuda para el duelo.

« Punto de reflexión »

El consuelo para el doliente tiene que estar más dirigido a su dolor que a la persona que se ha perdido.

✓ QUÉ DECIR
× QUÉ NO DECIR

✓ **Tu dolor debe ser grande en este momento.**

× *El abuelo está durmiendo.*

✓ **(no decir nada pero dar un abrazo)**

× *Mantener una sonrisa en el rostro.*

✓ **¿Cómo era cuando...?**

× *La vida debe continuar.*

✓ **Te quiero y estoy orgulloso de ti.**

× *Ahora eres el jefe/líder de tu casa.*

✓ **Yo también le quería y le echaré de menos.**

× *Dios lo/la necesitaba en el cielo.*

✓ **¿Te puedo ayudar a escribir una carta sobre tu pena/pérdida?**

× *No debes hablar mal de los muertos.*

× *Ahora eres el hombre (mujer) de la casa... anímate.*

"El que canta canciones al corazón afligido, es como el que quita la ropa en tiempo de frío, o el que sobre el jabón echa vinagre."

PROVERBIOS 25:20

CAPÍTULO 8

CUANDO LAS BARRERAS AFECTAN AL DUELO

Consejos sobre las diferencias de género para los acompañantes

Los hombres tienden a sustituir, mientras que las mujeres procesan.

Puede que esa afirmación tenga algo de cierto, pero es de esperar que no siempre sea así. Los hombres también necesitan procesar su dolor. También hay que tener en cuenta el factor tiempo. Por lo general, los hombres pueden tardar de 6 a 18 meses en procesar su duelo, mientras que las mujeres suelen tardar de uno a dos años en aliviarse. No hay ningún periodo de tiempo establecido. Cada persona hace su duelo de forma diferente.

Recibí un correo electrónico de un amigo que había perdido a su mujer de forma repentina hacía unos cinco meses, en el que me preguntaba cómo había encontrado a una nueva compañera de vida tras la muerte de mi esposa. ¿Qué le digo? ¿Le animo a seguir buscando un sustituto o le recomiendo que espere más tiempo?

Mis comentarios incluyeron una respuesta honesta junto con un repaso de mi propio proceso de duelo, que requirió nueve meses antes de sentir que podía volver a amar románticamente.

Un año después de la muerte de Judith, hablé ante más de mil personas. "¿Qué has aprendido en tu proceso de duelo?" era el tema solicitado. Tras el discurso de clausura se formó una larga fila de personas que querían hablar conmigo. Observé una diferencia muy notable en esta fila: el gran número de hombres en ella. En años anteriores observé una tendencia común, el predominio de las mujeres para charlar conmigo cuando el tema tenía una connotación emocional. Esta vez, casi la mitad de los que hacían fila eran hombres que habían perdido a su cónyuge. De muchos de ellos, uno de los comentarios que escuché repetidamente fue: "Fue refrescante escuchar a alguien expresar lo que he estado viviendo". También me di cuenta de que las conversaciones con los hombres eran de naturaleza diferente a las mantenidas con las viudas de la fila.

Una de las señoras del público se acercó a mí con una sonrisa entre lágrimas. Enseguida empezó a contarme su historia. Contó un par de ejemplos que describían su trayectoria desde la muerte de su marido. Era obvio que había un sentido de conexión entre lo que yo había compartido y sus experiencias.

LOS HOMBRES ESCUCHAN A LOS HOMBRES

Detrás de ella había un caballero de mandíbula cuadrada y corte de pelo militar. Una lágrima brillaba en su ojo. Cuando nuestras manos se tocaron, simplemente dijo: "Casi no vengo esta mañana. Me alegro de haber venido. Usted me ha ayudado". Respondí brevemente. Su labio empezó a temblar y se dio la vuelta para marcharse. Más tarde supe que había más de seis hombres en esa audiencia que habían perdido a sus esposas en el año anterior. Él era uno de ellos.

Esa experiencia acentuó una observación casual que hice años antes. Los hombres y las mujeres tienden a procesar el dolor de forma diferente. Tras la muerte de Ruth, busqué a otros hombres que habían perdido a sus esposas para hablarles de mi experiencia. De hecho, traté de tener cuidado al hablar con las viudas por la posibilidad de que el encuentro se considerara inapropiado. Una de mis observaciones fue que las mujeres solían invitar a conversar sobre su dolor, mientras que los hombres se limitaban a reconocerlo cuando se les preguntaba.

LA QUÍMICA

Además de la observación normal, un artículo publicado en el *Journal of Psychosomatic Research* (1987;31[3]:375-83) titulado "Las Diferencias De Sexo En El Cambio De La Prolactina Durante El Duelo" contaba de un estudio sobre por qué parece haber tanta diferencia entre hombres y mujeres y su duelo. Un equipo de científicos informó de los siguientes resultados que dan crédito a las diferencias químicas entre los sexos:

> Catorce hombres y doce mujeres fueron entrevistados ocho semanas después del duelo conyugal para hablar de los acontecimientos previos a la muerte de su cónyuge y del posterior período de duelo. Se midió la prolactina (PRL) al principio y al final de la entrevista. Se obtuvieron descripciones del cónyuge fallecido durante la entrevista y se calificaron según el Nivel de Desarrollo de la Representación de Objetos (DLOR), una medida de la complejidad cognitiva de la descripción. Hubo correlaciones significativas entre el DLOR y el cambio de PRL tanto para hombres como para mujeres, pero la correlación para las mujeres fue positiva y la correlación para los hombres fue negativa. Estos hallazgos amplían la literatura sobre los correlatos psicológicos del cambio de PRL y sugieren que los cambios fisiológicos asociados al duelo son diferentes para hombres y mujeres.

SIMPLEMENTE LOS HECHOS

Muchas veces los hombres simplemente ensayan los hechos como una forma de procesar sus sentimientos.

Mi teléfono suena mostrando un código de área de otro estado con el que no estaba familiarizado. " ¿Hablo con Dave Knapp?" fue la respuesta a mi "hola". "Soy Bob", fue su respuesta a mi afirmación. Al instante supe de quién se trataba. Un amigo común me había informado de que la segunda esposa de Bob había muerto un par de semanas antes. Bob respondía a mi correo electrónico solicitando un momento para conversar.

En nuestra charla de una hora (mejor dicho, escucha, por mi parte) repasamos todo el conjunto de circunstancias que rodearon el fallecimiento de su esposa. Repasó el historial médico que condujo a su muerte, así como los detalles del día en que murió. Yo escuchaba.

NO ASUMAS

La conversación se extendió a los días y semanas transcurridos desde su funeral. Un tema familiar al que Bob se refirió y expuso fue cómo muchas personas le comentaban su percepción de su experiencia de duelo sin hablar realmente con él lo suficiente como para saber en qué punto del proceso se encontraba. Una persona le dijo: "Tu enfado es normal". Me señaló que él no había experimentado ira hasta la fecha y su comentario le pareció denigrante.

Durante mis pérdidas, me encontré con comentarios similares por parte de amigos con buenas intenciones pero que resultaban reprochables, cuando hubiera sido mejor un enfoque informativo. En lugar de asumir la experiencia de ira de Bob en esa etapa de su duelo, habría sido más fácil abordarlo si se hubieran tomado el tiempo de escucharle y averiguar qué aspecto del duelo estaba experimentando en ese momento.

MÁS HOMBRES

En la última década, el número de hombres solteros mayores de 65 años ha aumentado un 21%, debido en parte a la reducción de la diferencia en la esperanza de vida de hombres y mujeres. (Perry Garfinkl, New York Times) Ante este aumento de hombres que han experimentado la pérdida y vuelven a la soltería, ¿qué les decimos?

Muchos de los libros sobre el proceso de duelo se refieren a las experiencias de mujeres, en su mayoría, a lo largo de su camino. Recomendaciones como "Cuéntame cómo te sientes esta semana" pueden ser respondidas con una larga y emotiva explicación por parte de una mujer. La respuesta de un hombre puede ser más directa. Puede responder con una o dos frases y cambiar de tema.

Para un hombre puede ser más útil preguntarle qué cosas ha hecho esa semana para recordar o conmemorar a su ser querido. Puede que le resulte más curativo simplemente ensayar los hechos que se produjeron antes o después de su pérdida.

En los meses que siguieron a la muerte de Ruth, recuerdo que deseaba vivamente que alguien me preguntara: "¿Podrías decirme cómo murió tu mujer? ¿Cómo fue ese día?". Sentía que me habría aliviado mucho repasar los acontecimientos de aquel fatídico día. Nadie lo hizo.

Ruth Davis Konigsberg escribió un artículo titulado "5 sorprendentes verdades sobre el duelo" para AARP (14 de marzo de 2011). En él, señalaba algunos contrastes entre hombres y mujeres frente al duelo por la pérdida de un cónyuge:

> **La pérdida es más dura para los hombres.** Durante años, los médicos han dado por sentado que el duelo de las mujeres es más duro y largo que el de los hombres. En 2001, los psicólogos Wolfgang y Margaret Stroebe (un equipo de esposos) decidieron examinar toda la investigación existente y llegaron a la sorprendente conclusión de que, teniendo en cuenta la mayor tasa de depresión de la población femenina en general, los hombres sufren más el duelo. Puede que tengamos la impresión de que las viudas se desesperan más, pero eso es porque hay muchas más viudas que observar.

LAS MUJERES EXPRESAN SUS SENTIMIENTOS

Mientras que las mujeres que pierden a sus maridos suelen hablar de sentirse abandonadas o desamparadas, los viudos tienden a experimentar la pérdida "como un desmembramiento, como si hubieran perdido algo que los mantenía en orden y completos", dijo por correo electrónico Michael Caserta, presidente del Centro para el Envejecimiento Saludable de la Universidad de Utah.

Los hombres suelen tener dificultades para compartir sus sentimientos más profundos, especialmente los negativos. Por eso, aunque es útil preguntarle a una mujer cómo se siente tras la muerte de alguien cercano, sería más productivo preguntarle a un hombre: "¿Cómo ha cambiado tu rutina diaria?". Luego, si no tienen idea alguna, puedes sugerirles algunas cosas para que superen su duelo.

AYUDANDO A AMBOS

Cualquier pérdida por muerte es una experiencia difícil. A menudo, una buena manera de ayudar a las personas a procesar su dolor es ayudarlas a validar la vida de la persona fallecida.

Vi un gran ejemplo de esto en un servicio conmemorativo al que asistí. En el boletín de la ceremonia fúnebre se incluyó media hoja de papel. Estaba en blanco, excepto por el título: *"Los Recuerdos son un regalo"*. Durante el servicio, se hizo un anuncio y se concedieron unos minutos de silencio para que los asistentes escribieran algo sobre el fallecido para que la familia lo tuviera y lo leyera más tarde. Vi a mucha gente rellenarlo.

Otra sugerencia muy útil sería ofrecerse a ayudar a la persona que ha perdido a su ser querido a elaborar una presentación con fotos, un álbum de fotos o de recortes sobre la persona que ha fallecido. Esto puede ser útil para los familiares "más cercanos", como el cónyuge y los hijos, pero también para otras personas que los querían. Algunos incluso han plantado un árbol o un jardín de rosas en memoria de su amigo o familiar fallecido.

SOLEDAD

Uno de los rasgos más importantes del duelo, tanto para los hombres como para las mujeres, es la soledad asfixiante. Ambos luchan contra ella.

El año en que nuestro hijo menor, Aarón, entró en la guardería, mi mujer y yo nos esforzamos por prepararlo para el traumático acontecimiento de estar lejos de mamá durante todo el día. En una ocasión, Ruth paseaba con él de la mano cerca de nuestra casa. Ella repasaba lo bien que se lo pasaría Aaron la semana siguiente en el colegio durante el día. De repente, Aaron se detuvo y rompió a llorar. Ruth le preguntó por qué lloraba. Con la carita arrugada, exclamó: "Mamá, ¿entonces TÚ estarás sola en casa?".

La soledad puede ser devastadora. A menudo, una persona que está de duelo lucha con eso tanto o más que con la propia pérdida. Si puedes tener en cuenta este aspecto del duelo, te resultará más fácil relacionarte con tus amigos y familiares afectados, sobre todo si el duelo se debe a una pérdida por muerte. Una pregunta honesta: "¿Cómo estás sobrellevando tu soledad?" puede ayudar mucho a mostrar empatía.

SÉ ESPECÍFICO

Anteriormente mencioné que varios amigos con buenas intenciones me propusieron: "Dave, cuando quieras hablar sólo llámame. Lo digo en serio, cuando sea". Sinceramente, me ayudó mucho que un amigo me llamara y me dijera: "Dave, ¿quieres ir a dar un paseo al embalse mañana a las 8 de la mañana, o el viernes a las 7?". Mi experiencia me llevó a la conclusión de que las generalidades rara vez se dan, pero los detalles sí. Es posible que no puedas sentirte identificado con gran parte del proceso de duelo, pero si lo desglosas un poco, probablemente sí puedas entender un poco la soledad. Decir algo específico para ayudarles a lidiar con su soledad, aunque sea por un día, será mucho más efectivo que tranquilizar su conciencia con una generalidad que probablemente no se materialice.

DOLIENTES ARTICULADOS

Los hombres suelen ser dolientes más radicales que experimentan y hablan de su dolor intelectual y físicamente. Se sienten más cómodos buscando información precisa, analizando los hechos, tomando decisiones informadas y actuando para resolver los problemas. Al mantenerse fuertes, desconectados y alejados de las emociones fuertes, pueden hablar de su dolor de forma intelectual, lo que les hace parecer a los demás fríos, indiferentes y sin sentimientos.

Puede resultar muy provechoso preguntarle a un hombre: "¿Qué has hecho para conmemorar (recordar) a tu mujer?" o "¿Puedo ayudarte a hacer algo para conmemorar la vida de tu mujer?".

DOLIENTES INTUITIVOS

Las mujeres, en cambio, pueden tender a ser *dolientes intuitivas* que experimentan una gama completa y rica de emociones en respuesta al dolor. Se sienten cómodas con las emociones fuertes y las lágrimas, y son sensibles a sus propios sentimientos y a los de los demás. Como sienten las emociones fuertes tan profundamente, son menos capaces de racionalizar e intelectualizar el dolor del duelo, y es más probable que se muestren abrumadas y devastadas por él.

Ser sensible con preguntas como: "¿Cómo se han manifestado tus sentimientos con respecto a tu pérdida esta semana?" o "¿En qué nivel de dolor te encuentras hoy?" es una forma de mostrar preocupación por su estado.

EL LUTO SE APRENDE

Han surgido cada vez más investigaciones que nos ayudan a saber cómo ayudar tanto a los hombres como a las mujeres en el proceso de duelo. La organización *Mourning Matters Ministry* ofrece información útil en su boletín trimestral de primavera de 2013:

> Aunque estamos predispuestos a sufrir, el duelo es una respuesta aprendida. El luto es la expresión externa del dolor interno. Es la forma en que elegimos adaptarnos y enfrentarnos, o en algunos casos no adaptarnos ni enfrentarnos. Hay muchas formas de llevar el duelo por la muerte de un ser querido. Los hombres y las mujeres tienden a vivirlo de formas diferentes. A las mujeres les gusta hablar, llorar, expresarse emocionalmente y que alguien valide lo que están viviendo. Los hombres, en cambio, tienden a ser más cognitivos. Les gusta participar en actividades que honren a su ser querido. Nuevas investigaciones sugieren ahora que la risa forma parte

del proceso de duelo tanto como el llanto, ya que en la risa nos damos pequeños momentos de descanso.

Después de que Louise entregara a su bebé a unos padres adoptivos (véase el capítulo 5), su consejera le sugirió sabiamente que alquilara algunas películas de comedia en las semanas siguientes para dar a sus emociones un poco de descanso en el proceso de duelo por la pérdida del bebé. Lo hizo, y funcionó.

EL LUTO ES DIFERENTE

"Porque el dolor es algo muy individual", explica Elizabeth W.D. Groves en su libro *"Becoming A Widow"* (New Growth Press, 2012), "es difícil que los demás sepan qué es lo más útil que pueden hacer o decir.... Por ejemplo, para algunas viudas, ver la ropa de su marido en el armario es muy doloroso, por lo que les sienta bien deshacerse esa ropa lo antes posible. Otras viudas encuentran reconfortante que la ropa de su marido siga ahí, por lo que prefieren conservar algunas prendas durante un tiempo". (págs. 12 y 13)

Además de aumentar tu conocimiento de las características generales del proceso de duelo, también puedes ser un mejor amigo para el doliente si comprendes algunos aspectos del proceso de duelo específicos de cada sexo. Tu ayuda puede ser más eficaz a la hora de orientar a tu amigo hacia la victoria frente al dolor de su duelo.

« Punto de reflexión »

Las conferencias teológicas rara vez alivian el dolor de una pérdida reciente.

✓ QUÉ DECIR
× QUÉ NO DECIR

✓ **Ojalá tuviera las palabras adecuadas. Sólo quiero que sepas lo mucho que me importa.**

× *No quiero oír más detalles. Sólo quiero que estés mejor.*

✓ **¿Puedo venir el miércoles por la noche a visitarte?**

× *Vaya. Te ves triste/terrible.*

✓ **No puedo quitarte el dolor pero puedo ser un amigo.**

× *Tienes que mantener la compostura.*

✓ **¿Han ocurrido cosas que alivien tu dolor?**

× *Yo NUNCA podría pasar por lo que tú estás pasando ahora.*

✓ **¿Qué has hecho para afrontar tu dolor/pérdida?**

× *Ahora que ella/él está muerto, deberías tener una mascota.*

"Uno suele calmar su pena contándola."

PIERRE CORNEILLE

CAPÍTULO 9

CUANDO LA CULTURA EMPAÑA EL DUELO

Consejos sobre las diferencias culturales para los acompañantes

En el mundo actual, muchos de nosotros somos multiculturales de diversas maneras. Es posible que nos relacionemos con personas de diferentes orígenes culturales en el trabajo, la iglesia, los clubes, las escuelas de nuestros hijos o incluso en nuestro lugar de residencia. Sería presuntuoso concluir que todas las personas sufren de la misma manera. Todos los seres humanos se afligen, pero la forma en que lo hacen puede basarse en su educación, su religión, su visión del mundo o sus propias observaciones. Incluso si no estás de acuerdo con sus métodos, las primeras etapas de su duelo no es el mejor momento para criticarlos o educarlos en lo que consideras una mejor manera. Lo mejor sería simplemente ayudarles a hacer el duelo y luego estar dispuesto a ayudarles si tienen preguntas sobre su propia perspectiva frente a la tuya en un momento posterior, menos emotivo.

LOS MIEMBROS DE LA TRIBU KARAJÁ

Viajé a una zona muy remota del centro de Brasil para visitar puestos misioneros. Mientras estuve allí, fui testigo de dos enfoques de duelo diferentes. El primero ocurrió en la aldea tribal semicivilizada de los Karajá. Uno de los ancianos de la tribu había cruzado el río en su canoa de dos metros para beber cerveza en el bar del pueblo. A última hora de la noche, en su intento de volver a casa, se cayó al río y se ahogó. Llegué a la orilla del pueblo poco después de que sacaran su cuerpo del agua turbia. Noté que nadie lloraba. Muchos susurraban, pero no había una expresión emocional profunda. Simplemente no lo hacían allí. La única emoción revelada parecía ser una mirada de preocupación en los rostros de algunas mujeres mientras se llevaban el puño cerrado a la boca.

Unos días después, de vuelta al otro lado del río, en la pequeña ciudad brasileña, fui testigo de otra escena de muerte. Allí, en una ciudad bañada por el sol, una procesión de niños vestidos de blanco acompañaba un pequeño ataúd. Pedí a los misioneros que me explicaran lo que estaba viendo. Me informaron de que un niño de menos de dos años había muerto y era enterrado ese día. Ningún adulto acompañaba el féretro. De hecho, el niño probablemente no tenía nombre. La gente del pueblo creía que un bebé no tenía "alma" hasta los dos años, por lo que no se le consideraba una persona real hasta entonces, cuando se le daba un nombre. Como, en su opinión, este bebé no era una persona real, ningún adulto se molestaba en llorar su pérdida, ni siquiera los padres.

DIVERSIDAD

El concepto de duelo por una pérdida por fallecimiento a menudo puede verse afectado por la percepción cultural sobre la muerte en sí misma. Esto varía de un país a otro, así como entre las subculturas de esos países. Finlo Rohrer publicó un artículo en la revista BBC News (2010) titulado *"How Much Can You Mourn a Pet?"(¿Qué tanto se puede llorar a una mascota?)*. En él, admite que "el Reino Unido tiene lo que muchos no británicos consideran una actitud ligeramente reprimida hacia la muerte". Otros países europeos suelen tener fama de hacer hincapié en la muerte (por ejemplo, las historias de vampiros).

EL EFECTO DEL GRUPO

El duelo en una cultura surge de una sociedad y un sistema de creencias que fomenta y cultiva la experiencia individual. Algunos idiomas no tienen un equivalente al término *luto*. En algunas partes de Japón, el concepto de emociones que se expresan únicamente por parte de un individuo no es común. En esas sociedades, la identidad individual depende de la armonía social y comunitaria. Se percibe un ambiente armonizado como parte de una familia o comunidad entre sus miembros. Por lo tanto, el dolor personal es más bien un acontecimiento compartido.

En algunas culturas tradicionales chinas, la muerte supone un problema de contaminación en términos de su visión religiosa del mundo. Uno de los propósitos de los rituales funerarios es proteger a los hombres de esa contaminación, mientras que las mujeres, por otro lado, se encargan de ella. A su vez, esta práctica tiene como resultado la purificación del difunto para la próxima vida. Aparte del luto, cualquier otra práctica que gire en torno a la muerte parece ser específica de cada cultura. La muerte implica en algunos contextos culturales una contaminación o impotencia, al igual que la separación, la pérdida y a veces el trauma en el Occidente moderno.

EL EFECTO INDIVIDUAL

Por otro lado, los individuos occidentales que consiguen superar una muerte traumática pueden cambiar su forma de pensar sobre sí mismos, de relacionarse con los demás y su visión de la vida en general. A medida que nuestro mundo cambia y se convierte en una comunidad mundial, también evolucionan las opiniones sobre la muerte. Los cambios que experimentan los individuos de otras culturas pueden ser igual de amplios, pero abarcan ámbitos que no se experimentan en Occidente.

Cuando ocurre algo importante en la vida de las personas, no sólo piensan en ello, sino que hablan del tema con los demás. El duelo y el luto no sólo ocurren en el interior de un individuo; también se producen en las interacciones entre las personas. En la mayoría de las culturas a lo largo de la historia de la humanidad, los mitos y rituales proporcionan un espacio intersubjetivo en el que se puede construir el significado de la vida del fallecido, su muerte y su influencia en la vida de los demás. La comprensión de estos conceptos puede orientar la forma de hablar con los afligidos. Las conversaciones sobre la definición de la relación que se ha perdido pueden validar la vida del fallecido y ayudar al doliente a procesar su propio dolor por la pérdida.

Un proyecto transcultural pretendía comparar las normas sobre la expresión emocional del duelo. La antropóloga Unni Wikan, por ejemplo, comparó las normas de Egipto y Bali, ambas culturas islámicas. Descubrió que en Bali se desaconsejaba enérgicamente que las mujeres lloraran, mientras que en Egipto se consideraba anormal si las mujeres si no se manifestaban con llanto.

Preguntar a un amigo afligido de otra cultura cuáles son sus métodos tradicionales puede ser una forma de mostrar preocupación y empatía. Esto te da la oportunidad de reconocer al menos sus heridas, ya sean iguales a las tuyas o no.

PRÁCTICAS

La cultura judía tradicional que se encuentra en el Antiguo Testamento de la Biblia tenía muchas prácticas que todavía se mantienen en muchos lugares. Aunque su existencia se centraba en su Dios, la expresión del dolor en el momento de una pérdida grave revelaba su condición humana. El llanto, una de las principales señales de dolor, se mencionaba mucho. Se reservaba un tiempo (30-70 días) para llorar profundamente. El aspecto físico de los dolientes se modificaba para indicar su estado. Las cenizas o las prendas exteriores solían simbolizar un corazón afligido. Por otra parte, la presencia de los amigos y de la familia era un regalo que ofrecía consuelo. (El Diccionario Bíblico Ilustrado Holman, 1991)

En la actualidad, el judaísmo establece un periodo de duelo intenso conocido como shivá que dura siete días tras el entierro de un ser querido. Después de la shivá, se pueden reanudar la mayoría de las actividades normales, pero es el final del llamado shloshim lo que marca la finalización del duelo religioso por un cónyuge.

VIVIENDO EN OTRA CULTURA

Los efectos transculturales en la forma de llevar el luto también vienen en otros paquetes, además de las tradiciones históricas. Las familias que viven en el extranjero, fuera de su país y cultura de origen, pueden sentirse muy confundidas en cuanto al proceso de duelo. Jonathan Trotter aborda esta confusión en su artículo *"Outlawed Grief, a Curse Disguised" (Duelo ilegítimo, una maldición disfrazada)* (22 de diciembre de 2013):

> Vivir en el extranjero es una aventura increíble, pero viene con algo de equipaje. Y a veces, los costos están ocultos, te pillan por sorpresa y te cuestan más de lo que habías planeado. Pensabas que lo tenías todo calculado, que podías con esto, que podías colarte justo en el límite.
>
> Pero luego se complica. Tus nuevos amigos se mudaron, o el nuevo amigo de tu hijo se mudó... muy lejos. Como a otros continentes de distancia. Y el corazón roto de tu hijo rompe el tuyo.
>
> Alguien muere y tú no llegas a darle ese último adiós, totalmente presente. Los miembros de la familia celebran un cumpleaños, o toda la familia celebra una fiesta, y tú no estás allí porque el Pacífico es muy grande, y tú estás del lado equivocado.
>
> O tu hijo no recuerda el nombre de su primo, y ni siquiera sabe lo triste que es eso.

VISIÓN DEL MUNDO

Enfrentarse al tema de la muerte y la vida del más allá suele poner de manifiesto la definición de nuestra "visión del mundo". Algunas personas y culturas consideran que la muerte es definitiva y que no hay una existencia más allá. Otros piensan que tras la muerte uno se encuentra simplemente en un mundo espiritual muy diferente al nuestro, que interactúa con el nuestro. Otros ven la vida después de la muerte como una existencia paradisíaca muy similar a la nuestra, pero inimaginablemente mejor. Muchos sostienen el concepto de que un juicio o evaluación de su vida sigue a la muerte y que a cada persona que muere le espera una recompensa o una condena. Un gran número de culturas y religiones del mundo sostienen que una persona se enfrenta inmediatamente a Dios de alguna manera tras su muerte.

Me he dado cuenta de que es común que los desconsolados se inclinen por lo que es su visión del mundo sólo para que le pregunten al respecto. Si lo solicitan en este momento, puedes aprovechar la oportunidad para ayudarles a responder y hacer ajustes en su visión del mundo cuando tengan alguna confusión. Sin embargo, a menos que soliciten lo contrario, será mucho más útil para ellos abordar su dolor por la pérdida.

Pero ser consciente de la visión del mundo de cada uno puede ayudarte a elegir qué decir. Si creen que la muerte es el fin de la existencia, comentarios como "Tu ser querido está en un lugar mejor" no servirán de consuelo. Sin embargo, un comentario como "Tu ser querido ya no tiene dolor" puede ayudar más.

RELIGIÓN

La visión del mundo suele estar influida por la religión. Entender las opiniones religiosas de un doliente puede ser de gran ayuda para saber qué decir, o no. Las creencias de las iglesias ortodoxas orientales y católicas romanas, por ejemplo, sostienen que el estado o incluso el futuro de un alma fallecida puede verse afectado por las oraciones de intercesión. Consolar a las personas que se aferran a esta esperanza por su amigo o pariente perdido puede ser más eficaz si se hace hincapié en el dolor actual de la persona afligida y no se dicen cosas sobre el estado del difunto.

Otras religiones, como los Testigos de Jehová y los Adventistas del Séptimo Día, consideran que el estado del difunto es de inconsciencia hasta una futura resurrección. Muchos judeocristianos creen que el difunto es transportado instantáneamente a la presencia de Dios en un estado "celestial" del paraíso. Al hacer comentarios a estas personas sobre su difunto, debes ser educadamente consciente de estas creencias. De nuevo, recuerda que tu papel es ayudarles a procesar su dolor y no cambiar sus creencias religiosas, a menos que te pidan específicamente tu opinión sobre el tema de la vida después de la muerte.

Los miembros del Islam creen que cualquier forma de sufrimiento, incluido el duelo, es resultado de los pecados del doliente de alguna manera. Su profeta Mahoma declaró: "Por Aquel en Cuyas Manos está mi alma (es decir, Dios), ningún creyente es afectado por la fatiga, el cansancio, la preocupación o el dolor, sin que Dios le perdone algunos de sus pecados, incluso cuando se pincha con una espina" (Musnad Ahmad, You-Tube). Entonces, puedes ayudar a esa persona con palabras de seguridad que le ayuden a lidiar con la culpa que puede ser injustificada. Mostrar físicamente el dolor con los afligidos estaría bien. Sin embargo, el Islam desaconseja el llanto y los lamentos muy fuertes en los funerales. Durante el tiempo de duelo tras una muerte, los dolientes esperan recibir visitas. Asegúrate de hacer una visita física a tu amigo musulmán en los días siguientes a su pérdida.

En el caso del budismo y el hinduismo, se cree que el fallecido está en camino de volver a nacer en otra vida física. Ayudar a estas personas a sobrellevar su duelo puede centrarse en ayudarles a celebrar la vida de su ser querido. Destacar los logros y los buenos rasgos en forma de álbumes de recortes y presentaciones fotográficas puede reconfortar al doliente.

¿POR QUÉ?

La pregunta "¿Por qué?" es una expresión común cuando alguien experimenta una pérdida. Ya sea la pérdida de un trabajo o la pérdida de un hijo en un caso de custodia, la pregunta "¿Por qué?" puede colarse de a poco o irrumpir con fuerza. El dolor emocional de la pérdida puede hacer que una respuesta lógica parezca irrelevante.

Cuando esa pregunta surge sobre la persona afligida, no asumas que tienes una respuesta. Recuerda que el doliente está experimentando un dolor emocional y una respuesta lógica puede no ser de ayuda. Lo que más necesita es que reconozcas su dolor y le apoyes en este momento. No juegues a ser Dios.

Una preocupación sincera ayuda mucho a los afligidos. Sentir un cariño de verdad es más útil para ellos que un largo discurso preparado. Comprender amablemente su visión del mundo o sus creencias religiosas será útil para ayudarles en su dolor.

« Punto de reflexión »

Los comentarios que implican un carácter crítico no son un consuelo para los afligidos.

✓ QUÉ DECIR
× QUÉ NO DECIR

✓ **Me sorprendió escuchar sobre tu pérdida. Como amigo me preocupo.**

× *Debes sentirte tan mal como yo cuando...*

✓ **Lamento mucho tu pérdida.**

× *Mantente ocupado y saldrás adelante.*

✓ **Háblame de él/ella.**

× *Debes dejar de llorar. Podrías molestar a alguien.*

✓ **Me siento muy triste por ti.**

× *Debes ser fuerte para los demás.*

✓ **¿Qué puedo hacer por ti esta semana?**

× *Se lo habrá buscado por sí mismo.*

"Nadie me dijo que el dolor se parecía tanto al miedo."

C. S. LEWIS

CAPÍTULO 10

CUANDO ERES TÚ QUIEN SUFRE UNA PENA

Consejos para los que están pasando por una pérdida

No sabía que un humano pudiera sentir tanto dolor.

El vacío en mi alma era enorme e indescriptible tras la muerte de Ruth. Nadie me había enseñado a llevar el luto, ni siquiera qué esperar. Por supuesto, el luto no estaba en la cima de mi lista de "cosas que aprender". Como muchos, lo evitaba como una especie de debilidad con la que no quería tener nada que ver. Las distintas "etapas" por las que pasé fueron una sorpresa para mí y a menudo me pillaron desprevenido. Finalmente me atreví a buscar a otras personas que habían pasado por una pérdida similar para hablar de mis experiencias y mi dolor. Me ayudó mucho a entender y procesar mi proceso.

Los capítulos anteriores pretenden orientar a quienes ayudan a los afligidos con información y sugerencias. Sin embargo, quiero ofrecer aquí algunas sugerencias directamente a aquellos que están de luto.

COMPRENDER EL PROCESO

Aunque muchos autores han intentado categorizar el proceso de duelo, lo cierto es que no se puede hacer a la perfección. Me doy cuenta de que cualquier lista de "etapas" o experiencias publicadas puede o no aplicarse a todas las personas. Cada uno vive su duelo de forma diferente. Sin embargo, que uno se encuentre con algo que no se aplique a su situación no debería descartar el hecho de ser consciente de las muchas posibilidades que uno puede experimentar.

En un artículo publicado en la revista *Tabletalk* titulado *"Mourning with Those Who Mourn" (El luto con los que están de luto)*, el Dr. Archie Parrish explica lo que es el duelo:

> **El duelo** es una de las experiencias universales de la vida. Estar de luto significa sentir una profunda pena, dolor, angustia, angustia, dolor, miseria, infelicidad y desdicha. Es lo contrario de la alegría. El duelo se produce por una pérdida que se percibe como irreversible, como la muerte, la enfermedad terminal y los accidentes devastadores. No se expresa de la misma manera en todas las culturas, pero no importa en qué lugar del planeta vivas, tarde o temprano te enfrentarás a "un tiempo de luto". A pesar de que todos los seres humanos atraviesen un momento de luto, la experiencia de duelo de cada persona es siempre única. (2007)

CÓMO SE SIENTE

Si sientes que pierdes el control de la realidad, puede que seas una persona perfectamente cuerda atravesando la confusión del duelo. Tal vez sufras miedo irracional, temor o incluso paranoia. Puede que te sientas vacío o aturdido, como si estuvieras en estado de shock. El duelo incluso hace que algunas personas experimenten temblores, náuseas, dificultad para respirar, debilidad muscular, pérdida de apetito o insomnio. También pueden aflorar sentimientos de ira, aunque no haya nada en particular por lo que enfadarse. Casi todo el mundo se tortura con la culpa preguntándose qué hizo mal, cómo podría haber evitado la pérdida o alguna otra forma de autocondena. En resumen, el duelo nos hace sentir que nuestras emociones se han vuelto locas porque, en muchos sentidos, así es. Sin embargo, con el tiempo, recuperarás una medida de equilibrio.

DIFERENCIAS

Después de haber llorado dos veces la pérdida de una esposa, me he dado cuenta de que incluso pasé por el proceso de forma diferente en cada ocasión. Había similitudes, por supuesto, pero el orden y la gravedad de algunas de mis experiencias diferían.

Entre los cambios que afectaron a mis experiencias de duelo se encuentran los siguientes:

- Mi nivel de madurez. Tenía 41 años la primera vez y 63 la segunda.
- Mi conocimiento del proceso de duelo. No tenía experiencia la primera vez.
- La definición de la relación perdida. Ruth y yo procedíamos de entornos similares y crecimos juntos como adultos. Judith y yo procedíamos de entornos diferentes y aportábamos años de edad adulta a la relación.
- El nivel de exigencia de mi vida. La primera vez todavía tenía niños en casa. La segunda vez llegué a una casa vacía.
- La preparación mental y emocional para la muerte inminente. Ruth y yo nunca hablamos de su muerte. Judith y yo lloramos su muerte juntos y abiertamente.
- El grupo de apoyo del que disponía. La primera vez sólo tenía amigos y compañeros de trabajo cerca, mientras que la segunda vez tuve 15 hijos adultos y a sus cónyuges abrazándome a lo largo del camino.
- La profundidad de mi fe. Seguramente había crecido en mi fe a lo largo de los años.
- Mi disposición a aceptar el dolor. La primera vez intenté evitarlo en los primeros días.
- Mi disposición a hablar de ello. Esto se convirtió en una clave en ambos casos para mi proceso de curación.

UN PROCESO, NO UN ACONTECIMIENTO

Por mi personalidad, tiendo a ser un "solucionador". Por lo tanto, me resultaba difícil aceptar el hecho de que el duelo es un proceso y no un acontecimiento. Quería hacer algo y terminar con el tema. Eso es tan imposible como poner una yeso en una pierna rota un día y tenerla completamente curada al día siguiente. Ambas cosas llevan tiempo. El tiempo y el dolor se convirtieron en mis compañeros habituales. El duelo no tiene una solución rápida.

También me sentía obligado a ser fuerte y acertado en todo momento. Fue un reto para mí darme cuenta de que mi opinión profunda y errónea de que el duelo era una debilidad o incluso un pecado, tenía que cambiar. Habría sido mejor para mí al principio de mi camino haber aceptado que el duelo es normal y necesario para la salud emocional y física. En mi búsqueda del alivio de mi dolor interior, encontré a otras personas que me ayudaron a saber que para la curación más profunda y a largo plazo necesitaba "abrazar" el dolor por completo. Lo comparo con una llaga supurante que necesita un drenaje continuo hasta que se produzca la curación completa.

ASPECTOS FÍSICOS

Una de las personas de mi círculo de apoyo era una enfermera. Al principio me dio consejos para ayudarme a dormir. Al principio no sabía por qué me lo sugería, pero pronto me di cuenta de por qué. Este fue un problema más grave para mí después de la muerte de Judith. Tardé meses en volver a tener un patrón de sueño normal. La intención de cuidar mi salud se había visto eclipsada por el cuidado de mi mujer. Tenía que cambiar eso y empezar a considerar mi propia salud. La investigación ha demostrado que el proceso de duelo es una condición física además de emocional. Ignorar esto sería poner en peligro la propia salud. Abundan las historias de dolientes que experimentaron un deterioro físico de su salud en los dos años siguientes a la pérdida de alguien cercano, como un cónyuge.

Me propuse crear un horario regular para ir a la cama, programar ejercicio físico deliberado y prestar atención a una alimentación equilibrada y normal. Esto me benefició y los resultados me dieron un poco de esperanza en el futuro cuando la pena intentaba robarla. Poco a poco empecé a sentir cómo se renovaba la energía que el luto me había robado. Mi peso empezó a volver a un nivel más saludable. Y los demás se daban cuenta, lo cual me animaba. Después de experimentar la muerte tan de cerca, era reconfortante sentirse tan vivo de nuevo.

Una de las cosas más sensatas que hice fue programar una visita al médico poco después del funeral de mi mujer para que me revisara y me aconsejara. Esto me ayudó a reconocer abiertamente la parte física del duelo y también recibí algunos buenos consejos del médico.

DESESPERANZA VS. PROPÓSITO

La desesperanza durante el duelo puede fácilmente absorber mi pensamiento y mis sentimientos. Para combatirlo, descubrí que era necesario encontrar y aferrarme a los propósitos de mi vida de manera intencional y diaria. Era fácil dejar que el proceso de duelo me definiera y controlara totalmente. Tras la muerte de Ruth, tenía todavía cuatro adolescentes en casa a los que cuidar y guiar. Al poco tiempo retomé mi trabajo en la universidad y empezaron a llegarme invitaciones para dar charlas. Sin embargo, todavía tenía que elegir ver esos acontecimientos como propósitos significativos para mi vida, a fin de eclipsar los periodos de desesperación cuando me sorprendía el dolor.

Muchos afligidos me han comentado que hallaban una manera de distraerse de su propia desesperación al ayudar a los demás. Yo también noté que era cierto. Durante el declive de Judith y después de su muerte, descubrí que mi preocupación por la forma en que mis hijos y nietos estaban procesando su propio dolor era una manera de liberarme de mi propia desesperación en los ataques de dolor. Algunas personas han organizado grupos de ayuda para el duelo, mientras que otras se ofrecen como voluntarias en el hospital o en centros de jubilados.

NORMAL QUESTIONS

"¿Me estoy volviendo loco?" "¿Por qué estoy tan cansado todo el tiempo?" "¿A quién le importo realmente ahora?" "¿Por qué ya no puedo pensar con claridad?" "¿Por qué es tan difícil tomar decisiones?" "¿Alguna vez terminará todo esto?" "¿Por qué soy yo el que sigue vivo?" "¿Por qué todo el mundo se ha olvidado de mi ser querido?" "¿Por qué todo el mundo se ha alejado de mí?" "¿Y si hubiera manejado las cosas de otra manera?"

Si te encuentras haciendo alguna de las preguntas anteriores, estás pasando por una experiencia normal en el proceso de duelo. El duelo requiere una gran cantidad de energía física y emocional. Es agotador. Eres la única persona que experimenta el duelo de forma consciente. Tus amigos y familiares han vuelto a sus vidas; eso domina su atención. Sin embargo, no significa que se hayan olvidado de ti o de tu ser querido. De hecho, muchas veces ellos estarán de luto durante más tiempo que tú, porque están tan distraídos en sus vidas que sólo se lamentan con breves recuerdos y, por lo tanto, extienden su proceso de duelo durante un período de tiempo más largo.

LIBERACIÓN A TRAVÉS DE LA EXPRESIÓN

Muchos de mis amigos han dicho que dudaban en sacar el tema de mi duelo y de mi mujer porque "no querían hacerme sentir mal o llorar". Por supuesto, lo que muchos no se dan cuenta es que hablar de las cosas no puede empeorar mi dolor. Ayuda a liberarlo. Así que, básicamente, estaban pensando en su propia comodidad. Por lo tanto, puedes ayudarles y ayudarte a ti mismo sacando a relucir tu experiencia y los recuerdos de tu ser querido. Un amigo que había pasado por la pérdida de su esposa mientras ocupaba un puesto de liderazgo como el mío, me ofreció un sabio consejo. Dijo: "Tienes que aceptar el proceso de duelo. No lo evites ni lo reprimas. Tu objetivo es estar curado y completo al otro lado".

ABANDONO

La sensación de abandono se apoderó de mí al sentir la soledad que me invadía por todos lados. Sin darme cuenta, empecé a asociar mis sentimientos de abandono por la muerte de mi mujer con mis amigos y compañeros de trabajo. Pronto, los pensamientos de que ya no le importaba a nadie abrieron las dudas sobre mis relaciones sociales. Esto dio paso a ideas de tener que encontrar nuevos amigos e incluso compañeros de trabajo. Es cierto que un par de amigos se alejaron de mí porque nuestra relación era principalmente por mi mujer. Sin embargo, trasladar mi sensación de abandono a mis amigos y compañeros era un error y no tenía sentido. Fue importante para mí darme cuenta de que mis sentimientos de abandono provenían de la pérdida de la relación íntima que tenía con mi mujer. Eso dejó un gran vacío.

LAS PRIMERAS VECES

En cuanto murió mi mujer, comencé el proceso de experimentar todas las "primeras veces" de la vida por mí. La primera vez que hablé con alguien después de su muerte. La primera vez que me presenté en un lugar público conocido como viudo. La primera vez que salí con amigos como soltero. La primera vez que me derrumbé emocionalmente en público. La primera vez que hablé con alguien que no sabía que mi mujer había muerto aunque su fallecimiento hubiera sido semanas o meses antes. La primera vez que pasé cada fiesta importante sin ella. La primera vez que llegaba cualquier aniversario. El primer cambio de estación sin que ella pudiera disfrutarlo. La primera reunión familiar que no fuera su funeral y en la que ella no estaba. La primera vez que recibía noticias de un amigo o de un acontecimiento y ella no estaba allí para contárselo.

No hay una mejor manera de experimentar estas "primeras veces" en la vida. Yo las manejé de diferentes maneras. Con algunas de ellas me "incliné" deliberadamente por "superarlas". Una de esas "primeras veces" fueron las reuniones familiares sin Judith. Me propuse ir a ver a mis parientes aunque sabía que sería difícil. Sin embargo, solía evitar un poco las fiestas haciendo algo totalmente diferente la primera vez después de la muerte de mi mujer. La Navidad tras la muerte de Ruth acepté una invitación para unirme a un amigo en unas vacaciones especiales fuera del país. Sin embargo, el día de Navidad después de la muerte de Judith, me quedé solo en casa por la mañana y lloré la mayor parte del tiempo. Luego, por la tarde, me uní a una comida comunitaria y la disfruté.

Como dije anteriormente, una de las primeras veces más importantes para mí fue la primera vez que conversé con un desconocido y no sentí que tenía que asegurarme de que supiera que había enviudado recientemente. Eso me ayudó a demostrar que el proceso de duelo no siempre tiene que definir quién soy. Así que no todas las "primeras veces" son negativas y duras. Algunas pueden ser pasos hacia la sanación y la liberación del dolor profundo.

Puede resultarte útil identificar tus primeras veces. Ten en cuenta que a menudo estas primeras veces son difíciles para tus amigos y familiares, al igual que para ti. Superarlas puede ser un paso en tu camino que te llevará a la sanación.

RACIONAL O SENTIMENTAL

Uno de los posibles métodos de duelo que he descubierto se podría calificar como duelo "racional o sentimental". El duelo racional se produce en los momentos en los que utilizo la simple lógica para afrontar la pérdida. "Ella está en un lugar mejor". "Soy fuerte y puedo superar esto". "Sé que las cosas mejorarán para mí". El uso del conocimiento en mi mente y la razón tiene sus ventajas. De hecho, los estudios muestran que muchos hombres suelen utilizar este estilo de duelo con bastante éxito. Tienden a actuar o hacer algo en memoria de su ser querido que "tiene sentido" en sus días de duelo. Si este estilo te resulta útil, no te sientas culpable por ello.

Por lo general, las personas tienden a esperar la parte sentimental del duelo. Los estudios también muestran que este método es común entre muchas mujeres; sin embargo, muchos hombres también lo incluyen en su proceso. El sentimiento de culpa puede aparecer cuando las sesiones de duelo "sentimental" parecen excesivas o totalmente ausentes. Son momentos en los que las emociones parecen estar fuera de control y consumirlo todo. Lo único que realmente te importa son tus propias emociones y tu duelo. El dolor se apodera de tu alma y revienta en tu interior. A veces te sientes desconsolado.

Tengo ejemplos durante mis meses de duelo en los que se me malinterpretó porque demostré un método u otro. Durante la pérdida de mi primera esposa, solía recurrir al duelo racional en público y mantenía mis sesiones de arrebatos emocionales para mí. Sin embargo, su padre me dijo que creía que yo no lloraba en absoluto por su pérdida. Se sintió aliviado al saber que no era así.

En cambio, tras la muerte de Judith tuve la libertad de llorar abiertamente en las reuniones sociales de la iglesia. Un par de semanas después, una persona de la iglesia le dijo a un pastor que yo no estaba llevando bien el proceso de duelo y que necesitaba asesoramiento.

Digo todo esto para darte la libertad de aplicar cualquier método que se adapte a ti y a tu personalidad — Está bien.

OLAS DE EMOCIONES

Las olas de emociones durante los períodos de duelo no siempre seguían la lógica, pero eran reales. Podía estar pensando en ciertas cosas o personas, cuando la culpa, la rabia, el alivio, el arrepentimiento, el estrés y los celos, entre otros, aparecían en mi corazón de una forma que necesariamente no tenía sentido. Como las emociones no siempre siguen a la razón, puede ser desconcertante lidiar con ellas. El tiempo, la conversación y la identificación suelen ser medios para tratar estos sentimientos. De nuevo, no todo el mundo experimenta estas emociones de la misma manera. Sólo admito que yo he tenido al menos breves luchas con ellas.

Aprender a manejar mis emociones fue una experiencia nueva para mí. Al no ser conocido por expresar abiertamente mis sentimientos, de repente me vi inmerso en una realidad que sólo había observado en otros. Escribir las lecciones que estaba aprendiendo a través de mi dolor me ayudó. Encontrar un lugar seguro para expresar mis emociones fue otro beneficio que aprendí a buscar. La aceptación, la expresión y el tiempo pueden ser algunos de los mejores enfoques para lidiar con tus emociones fuera de control.

CRISIS DE IDENTIDAD

Conectar el proceso de duelo con la adaptación a la vida sin mi mujer me ayudó a entender parte de mis problemas. Las tareas del día a día y las responsabilidades de los roles cambiaron. De repente, lo hacía todo yo solo, cuando antes mi mujer y yo compartíamos lo que había que hacer. No sólo tenía que hacer todo lo que había estado haciendo en nuestra rutina diaria, sino que ahora tenía que hacer también la de ella, que incluía comunicarse regularmente con nuestra gran familia. Desarrollar una nueva rutina a la que pudiera hacer frente me llevó tiempo. Me resultó útil no tomar ninguna otra decisión importante durante un tiempo, hasta que me acostumbré a que ella simplemente no estuviera.

Parte de esta adaptación implicaba volver a aprender quién era yo. Ya no era el marido de Ruth o de Judith. Ahora era soltero; una persona diferente pero que seguía siendo yo. Así pues, además del dolor y la soledad, me encontraba atravesando una crisis de identidad. Este ajuste incluía cosas sencillas como el estilo de música que ponía en casa, el tipo de películas que veía, la frecuencia con la que salía por las noches y los eventos sociales a los que decidía asistir. Aproveché este tiempo para ordenar algunas de nuestras cosas en el almacén y reevaluar su valor y relevancia en mi vida con su ausencia.

VOLVER A SER SOLTERO

Ser soltero de nuevo y luchar contra la soledad se convirtieron en obstáculos más grandes que el profundo luto. Es comprensible el dolor y la pena profundos, y existe la esperanza de que desaparezcan. Estar soltero de nuevo y estar solo parecía interminable.

Gran parte de nuestra sociedad gira en torno a las parejas. La mayoría de nuestros amigos eran parejas. El reto, tanto para ellos como para mí, era pasar de verme como la mitad de una pareja a verme como un soltero completo. Fue todo un proceso antes de ser capaz de pensar en mí de esa manera. Para mí, era muy complicado incluso mantener una conversación con alguien y no referirme constantemente a algo relacionado con mi mujer.

SOLEDAD

La soledad era más difícil de sobrellevar que el duelo. Al principio me sentía solo por Judith. Quería que ella volviera. La echaba de menos. A medida que iba superando la sensación de pérdida, un sentimiento de vacío más profundo empezó a perseguirme. Recordé esta fase de mi duelo por Ruth (más o menos a los seis meses) y reconocí que pensé que me estaba volviendo loco o algo así. Había asumido la pérdida de Ruth (y de Judith) y me preguntaba si eso estaba bien, pero al mismo tiempo sentía un vacío aún más profundo.

Esta soledad general es vacía. No había nadie que notara -o se preocupara de verdad- si llegaba a casa a las seis o a las siete de la noche. Si ocurría algo único en mi día, no tenía a nadie con quien compartirlo. Nadie me llamaba después de una reunión importante para ver cómo había ido. Siempre llegaba a casa en silencio. No tenía a nadie cercano para validar mi vida o compartirla, etc. Fue esta fase la que me llevó a volver al Señor en busca de respuestas. Extrañar a Judith era lógico y tenía sentido. ESTO parecía irremediable.

GRUPOS DE APOYO

Unas semanas después de la muerte de Judith, un amigo me invitó a ir con él a un grupo de apoyo emocional. Al principio me resistí, pensando que ya había sufrido bastante por mi cuenta como para ir a escuchar las penas de otras personas. Sin embargo, como el tema era la pérdida del cónyuge, decidí ir. La seguridad de estar con otras personas que comprendían muy bien mi proceso de duelo me aportó una sensación de seguridad. Me ayudó a liberar parte de la tensión que sentía. Así que te recomiendo que busques un grupo en tu zona y asistas a algunas de las sesiones. He encontrado un centro de muy buena reputación que se llama *Grief Share.*

LA PARTE LEGAL

Especialmente cuando se pierde a un cónyuge, el proceso de duelo puede verse agravado por todos los asuntos físicos y legales que hay que atender. Todo parece interminable. Los asuntos legales, como poner a mi nombre los bienes comunes, se sumaron a los cambios de nombre en las cuentas bancarias comunes. Tuve que cambiar el beneficiario de mi seguro de vida. Había que ajustar las cuentas de las tarjetas de crédito comerciales e individuales. Tuve que cambiar el titular del seguro del automóvil y del hogar. Tuve que avisar en los consultorios de los dentistas y otros médicos para que dejaran de enviar recordatorios de futuras citas para mi mujer. Incluso tuve que hacer un nuevo testamento a mi favor. Si estos asuntos te resultan abrumadores, busca a un familiar o amigo de confianza para que te ayude con una lista de tareas pendientes en este sentido.

Una de las formas en que "atravesé" el proceso de duelo fue observando los signos de mejora desde mi profunda desesperación. Me llevó más de dos meses de sufrimiento, dolor y soledad insoportables antes de ver signos de alivio. Primero, pude ver la presentación de diapositivas de la vida de Judith hasta el final sin sollozar. Luego me encontré con que era capaz de recordarla más allá de los elogios (sólo diciendo cosas positivas y brillantes sobre ella). Pude recordar algunas de sus debilidades sin sentirme culpable por ello. Luego, el domingo antes de Navidad, me sentí frustrado por el "egoísmo del luto". Ahora bien, eso no es negativo porque el luto ES sobre ti y tu pérdida Y está BIEN. Pero para sentirme así, me di cuenta de que para poder ver esa perspectiva tenía que alejarme al menos un paso de la burbuja del luto en la que estaba atrapado. Este se convirtió en un momento de superación.

APÓYATE EN LOS DEMÁS

Después del tercer mes de mi proceso de duelo sentía que estaba recuperando mi vida. Incluso me molestaban las personas que insinuaban, o incluso decían abiertamente, que aún me quedaba camino por recorrer antes de sanar emocionalmente por completo. Ahora, al mirar atrás, veo que tenían razón.

El pastor Rick Warren, de California, da un sabio consejo en su artículo *"In a Season of Loss, You Need God's People (En una época de crisis, necesitas al pueblo de Dios).*

Cuando estás pasando por una época de crisis, no sólo necesitas el apoyo de otras personas, también necesitas su perspectiva. Cuando estás en una época de crisis, no ves todo el panorama, tu dolor limita tu enfoque, y necesitas a otras personas que te ayuden a ver el panorama completo. Nos necesitamos unos a otros desesperadamente durante una pérdida.

Después de liberar tu dolor, es momento de dejar que otras personas te atiendan. Deja que te ayuden. Deja que te consuelen. Que ofrezcan sugerencias. Deja que se sienten contigo y que se aflijan contigo. Y no te avergüences de hacerlo. Esa es una de las razones por las que Dios creó la Iglesia. Somos una familia, y debemos cuidarnos unos a otros.

AYUDA PROFESIONAL

Entonces, ¿cómo saber si todo lo que estás viviendo es el proceso "normal" o si necesitas ayuda profesional? Amigos, familiares y otros profesionales suelen dar pistas al respecto. Theresa Karn (27 de abril de 2013) ofrece algunas señales útiles a las que hay que prestar atención. Las señales de que el duelo se ha complicado y que alguien necesita ayuda profesional son:

- hipersensibilidad a las experiencias de pérdida
- intranquilidad, agitación e hipersensibilidad
- ansiedad intrusiva por la muerte de uno mismo o de los demás
- comportamiento rígido, ritualista y compulsive
- sentimientos aplanados, sin expresión emocional
- miedo a la intimidad o a las relaciones impulsivas o falta de cuidado personal básico.

También recomienda el libro *Treatment of Complicated Mourning (Tratamiento del duelo complicado)* de Therese A. Rando.

LLEGARÁ

En la agonía del duelo profundo, hay veces que parece que no hay límite para la desolación. Anímate a pensar que no siempre será tan malo. La vida se renovará y volverás a reír.

El vicepresidente Joe Biden no es ajeno al dolor. Una semana después de ser elegido por primera vez al Senado en 1972, su mujer y su hija murieron en un accidente de tráfico. Luego, en mayo de 2015, su hijo murió de cáncer cerebral. El periodista de MSN Ezra Klein reflexionó sobre las pérdidas de Biden y su discurso a los padres de los soldados caídos el 25 de mayo de 2012:

> En ese discurso de 2012, Biden habla del peso constante del dolor. "Justo cuando piensas: 'Quizá lo consiga', vas por la carretera y pasas por un campo, y ves una flor y te lo recuerda. O escuchas una melodía en la radio. O simplemente miras hacia arriba en la noche. Ya sabes, piensas, 'Tal vez no lo logre'. Porque en ese momento te sientes igual que el día que recibiste la noticia.
>
> Biden no termina el discurso con facilidad. No dice que el dolor desaparece en algún momento. Sólo dice que, con el tiempo, también deja espacio para otras cosas.
>
> "Llegará un día -se los prometo; y a sus padres también- en que el pensamiento de su hijo o hija, o de su marido o mujer, les haga sonreír antes de hacerles llorar", dice Biden. "Llegará".
>
> Así que también te llegará a ti.

« Punto de reflexión »

Ten cuidado con el tiempo en las palabras de consuelo. Evita los plazos y sé cuidadoso con los tiempos en tus comentarios.

✓ QUÉ DECIR
× QUÉ NO DECIR

✓ **La pena de tu corazón debe ser profunda.**

× *Necesitas estar a solas cuando estás de duelo.*

✓ **Me rompe el corazón verte con tanto dolor.**

× *Tienes que dejar de sentirte mal/de llorar.*

✓ **Estoy seguro de que agradeces el tiempo que pasaste con él/ella.**

× *No agobies a los demás con tus sentimientos.*

✓ **¿Cómo te has sentido esta semana?**

× *Ahora está con Dios.*

✓ **¿Hoy es un día mejor para ti?**

× *Todas las cosas han de pasar. El tiempo se encargará de curar.*

"No siempre se pueden justificar las penas en una vida verdaderamente vivida, las penas y las pérdidas se acumulan como las posesiones"

STEFAN KANFER

CAPÍTULO 11

CUANDO OCURRE ALGO BASTANTE COMÚN

Ayudando a los otros en la pérdida de mascotas, trabajos y divorcios

La reunión fue muy concurrida. Hablé durante más de 45 minutos sobre las áreas de mi vida que se vieron afectadas y las lecciones aprendidas por la pérdida de dos esposas. A lo largo de mi charla presenté una lista de otras experiencias en la vida en las que a menudo es necesario vivir un duelo. Entre ellas estaba la pérdida de una mascota querida. En concreto, afirmé que "está bien llorar" en esas situaciones.

Ella se sentó en el asiento del pasillo de la última fila. Al salir del auditorio, pasé por delante de esta mujer de mediana edad que estaba sentada sola. Al acercarme a su puesto, noté lágrimas en sus ojos desnudos mientras me entregaba una nota y susurraba: "Gracias". Decía: "Gracias por sus amables palabras. Nadie piensa en nosotros cuando perdemos a nuestras queridas mascotas. Estas mascotas también son nuestros hijos. Nadie en la (comunidad) nos ayuda a hacer el duelo. Dicen palabras amables por el momento y luego olvidan. Nosotros que los perdemos no olvidamos su amor hacia nosotros. Nos dicen que sigamos adelante. Angel murió hace tres años, el 2 de julio. Era mi niña. Todavía la lloro. El dolor todavía está conmigo. Gracias de nuevo por sus amables palabras". (Lauren)

PERMISO PARA LLORAR

El permiso que le di ese día para llorar le dio un alivio y una victoria frente a su dolor que llevaba mucho tiempo esperando. La insensibilidad de sus amigos, y su pensamiento erróneo de que no debía sentirse así por la pérdida de un animal, habían provocado una confusión en su interior durante mucho tiempo. La libertad le sentó bien.

La sociedad actual de personas conectadas y ocupadas por medios electrónicos produce cada vez más individuos que experimentan existencias solitarias. Para compensarlo, en parte, muchos han invitado a una mascota a sus vidas a un nivel muy cercano emocionalmente. Cuando estas mascotas mueren, sus dueños las lloran como lo harían con cualquier miembro de la familia. Esto ha llegado a ser tan frecuente que en el Reino Unido se creó hace un par de décadas la PBSS, una empresa conjunta de la organización benéfica Blue Cross y la Sociedad de Estudios de Animales de Compañía. Principalmente por teléfono, esta agencia ofrece apoyo emocional a quienes llaman tras perder una mascota querida.

BROWNIE

Mi apego a las mascotas comenzó con Brownie, una oveja que me regaló mi abuelo a los siete años. Brownie fue la primera mascota que fue mía, totalmente. Iba a los pastos y simplemente la veía pastar. Verla en el establo me producía una sensación de calidez. A finales de ese primer invierno, Brownie iba a dar a luz. Mi madre se había criado con el rebaño de ovejas de su padre, así que sabía algunas cosas sobre el proceso de parto. Un día mamá anunció que Brownie estaba enferma de algo que puede acompañar al embarazo en las ovejas. Comenzaron las revisiones periódicas.

Entonces sucedió. Mamá salió a ver a Brownie justo después de llevarme a la cama. Antes de que me durmiera profundamente, volvió a entrar en mi habitación para anunciarme amablemente que Brownie había muerto. Le dije: "Está bien", y salió de la habitación. Mi habitación era pequeña, pero tenía un techo alto y yo estaba solo en una cama enorme. Recuerdo haber repetido una y otra vez en mi mente: "Brownie ha muerto. Brownie está muerta". Al poco tiempo, mi madre volvió a entrar y descubrió que mis ojos estaban llenos de lágrimas. "Tenía miedo de que eso ocurriera", respondió. Su dulce voz y sus suaves caricias en mi espalda ayudaron a calmar mi corazón roto.

LADY

Tras la muerte de mi padre, siendo yo el mayor de cinco hermanos y con once años, un tío nos regaló una perra dálmata. No la tuvimos mucho tiempo antes de que las circunstancias hicieran necesario que la vendiéramos. Poco después, un vecino ofreció a nuestra familia un cachorro de un perro mestizo que tenían. Mamá me dejó elegir cuál quería. La llamé Lady. Yo mismo debo decir que era tan fea que era linda. Las características distintivas de las tres razas de su linaje aparecían de forma inusual.

Durante mis años de instituto, Lady se convirtió en mi compañera y amiga. En aquella época vivíamos en las afueras de un pequeño pueblo de Iowa, que apenas tenía una milla cuadrada. A menudo iba al pueblo a ver a los primos, a cortar el césped y, en general, a "pasar el rato". Cada vez que salía de nuestra pequeña finca en las afueras del pueblo, Lady iba conmigo. Todos los habitantes del pueblo sabían que estaba en la ciudad si veían a Lady. No era raro que entrara en una tienda y saliera por la parte de atrás dejando a Lady esperándome en la puerta. En varias ocasiones esperaba medio día antes de rendirse y volver a casa.

Para mí, la primavera es genial en el sur de Iowa, ya que todo cobra vida. Sin embargo, la primavera de mi último año de instituto no fue tan agradable. Tras una llamada telefónica, mi padrastro me recibió en el jardín con una mala noticia. Lady había sido atropellada por un coche y estaba en muy mal estado. Consideró que debía ser yo quien se ocupara de ella. Cogí nuestra vieja camioneta y fui al lugar del accidente. Tenían razón. Estaba fatalmente herida. Sabía lo que había que hacer. La llevé a una zona muy remota de nuestra granja y la "acosté". Me quedé allí con un dolor en el corazón. Las lágrimas no eran habituales en mí, pero corrieron por mi mejilla aquella soleada tarde.

Al día siguiente le conté a una amiga el triste incidente. Recuerdo que me sentí mucho mejor al contárselo. También recuerdo lo mucho que empatizó conmigo.

SUGAR BEAR

Años más tarde, nuestra familia tuvo otra mascota. Esta vez, ya era un adulto con tres hijos pequeños. Sugar Bear era un perro de tamaño mediano con un gran carácter. Había sido entrenado como protector para niños pequeños. Nuestra familia lo recibió como regalo de sus anteriores dueños. Pronto nuestros hijos se encariñaron con él.

Vivíamos en un barrio muy poblado. Uno de los vecinos al sur de nuestra casa tenía un perro grande que no era muy agradable. El perro coincidía con la naturaleza de su dueño. Cuando mis hijos salían a la calle con Sugar Bear, nos asegurábamos de mantenerlo cerca.

Un día de verano ocurrió lo inevitable. La vecina estaba fuera con su perro y también Sugar Bear. Pronto, Sugar Bear no pudo aguantar más. Se convenció de que ese perro era una amenaza para mis hijos. Corrió por el césped y atacó al perro más grande con vigor. Tontamente, la vecina se metió entre los perros para separarlos. Salió con marcas de dientes y declaró que eran de Sugar Bear. No satisfecha, fue más allá y se quejó a las autoridades.

La situación se agravó hasta el punto de que la mejor opción era encontrar un nuevo hogar para Sugar Bear. Fue un día triste para la familia Knapp.

Por desgracia, las lecciones que había aprendido sobre el valor y la necesidad de llorar la pérdida de una mascota cuando era adolescente no se manifestaron en mí ese día. Cuando le di la noticia a mi hija, se puso a llorar. Mi respuesta inmediata fue callarla y obligarla a no llorar. Ahora creo que eso fue inadecuado. Un abrazo comprensivo y una voz suave de empatía -como hizo mi madre conmigo- habrían sido mejores.

LLORANDO UNA PÉRDIDA

Las mascotas pueden ser compañeros muy importantes. Los vínculos emocionales pueden ser casi tan profundos como los que se tienen con otros seres humanos. La pérdida de esas relaciones (con las mascotas) puede causar un vacío tan profundo en nuestro espíritu como la pérdida de un pariente o amigo cercano. Prohibirle a una persona que llore la pérdida de su mascota puede causarle un dolor innecesario.

Al hablar con alguien que ha perdido una mascota, lo mejor es reconocer su dolor. Puede que no te sientas cómodo preocupándote por la mascota fallecida, pero el dolor del propietario es real. Deja que expresen su dolor. Escúchalos durante los meses (o años) que sean necesarios para que salgan victoriosos de su dolor. Su dolor es tan real y necesario como el de cualquier otra pérdida.

En una publicación de su blog (21 de abril de 2010) titulada *"Mourning the Death of a Pet" (El duelo por la muerte de una mascota),* Tara Parker-Pope cita estadísticas que corroboran esta relación:

> El año pasado, investigadores del departamento de ciencia animal de la Universidad de Hawái realizaron un estudio para determinar el nivel de duelo y estrés cuando muere una mascota. Entre los 106 propietarios de mascotas entrevistados en una clínica veterinaria, el 52% había perdido una o más mascotas por causas naturales, mientras que el 37% había perdido una mascota por eutanasia. Aunque muchos propietarios de animales de compañía experimentan un duelo importante cuando muere una mascota, alrededor del 30% declaró haber sufrido seis meses o más. Es menos habitual que el dolor fuera severo y que provocara una alteración importante en la vida de la persona, pero el porcentaje estimado fue del 12% de los encuestados.

UN MATRIMONIO FALLIDO

El número de divorcios en nuestra sociedad sigue aumentando y se ha convertido en algo habitual. Pero eso no significa que sea más fácil de superar. He observado a muchas personas que se aíslan o pasan por alto el duelo como parte del procesamiento de su pérdida.

Mi primera experiencia cercana con el divorcio fue la de mi madre y mi padrastro. Como ocurre con muchos fracasos matrimoniales, el suyo no se produjo de la noche a la mañana. El declive de su relación se produjo lentamente durante un tiempo.

Además de los desacuerdos que tenían, había otros signos de que estaban experimentando una ruptura en su relación matrimonial. Cada vez más, mi padrastro encontraba motivos para ausentarse de la casa durante períodos más largos. Al mismo tiempo, vi que mi madre sacaba viejas fotos de mi padre, al que no había podido llorar, y las veía con lágrimas en los ojos. Creo que identificaba erróneamente su dolor actual, que era una forma de duelo, con su dolor no resuelto por su primer marido.

EL DUELO SE PASA POR ALTO

La pérdida por divorcio es muy grande, pero a menudo se pasa por alto. Las personas implicadas en el divorcio la ignoran porque la vida continúa sin una muerte real. Los amigos la pasan por alto porque la ruptura de la relación no suele ser repentina y a menudo se considera "culpa de ellos, así que hay que dejar que ellos se encarguen".

Los efectos de un duelo no resuelto por un divorcio pueden prolongarse durante años cuando no se considera una "pérdida lamentable". Las pérdidas que hay que afrontar pueden variar de la reputación a los sueños. Un amigo escribió: "Lo que más he llorado hasta ahora no ha sido la pérdida de mi esposa/pareja, sino más bien la pérdida de mi compañero de equipo, y la pérdida de la madre de mi hijo".

Puedes ser un amigo útil para alguien que ha experimentado un divorcio discutiendo con delicadeza estas áreas que a menudo se pasan por alto. Esto les ayudará a superar el dolor causado por el divorcio.

¿POR CUÁNTO TIEMPO?

Una de las diferencias fundamentales entre el duelo por la pérdida de una relación matrimonial a causa del divorcio y la pérdida por muerte es la cuestión del cierre. Cuando se produce la muerte, el cierre es seguro y definitivo. Con un divorcio el proceso de duelo puede ser mucho más largo, dependiendo del contacto que se produzca tras la ruptura (como con cuestiones de custodia de los hijos).

El error de ignorar cualquier duelo cuando una familia se rompe debido al divorcio puede ser perjudicial. Por supuesto, el proceso variará, como todo duelo, debido a las circunstancias y a las personas implicadas. Pero la opción e incluso la exigencia de hacer el duelo por esta pérdida (y el fracaso) puede olvidarse fácilmente.

En los casos en los que la pérdida es previsible, el proceso de duelo puede formar parte de la experiencia incluso antes de que los papeles del divorcio sean definitivos. Otros casos tienden a ser más bien una sorpresa, o bien se mantiene la esperanza hasta el final. El duelo puede ser más intenso después de la firma de los documentos

MIEDO Y AISLAMIENTO

En el proceso de duelo, el miedo y el aislamiento suelen ir juntos. El doliente suele sentir miedo mientras el resto de su círculo de amigos responde aislándolo hasta que "lo supere". Sin embargo, es muy frecuente que las personas que podrían consolar al doliente se vean obstaculizadas a la hora de ayudarle debido a sus propios miedos. Tienen miedo de hablar con ellos porque "no saben qué decir" y, sobre todo, temen decir algo equivocado.

Ya sea por tu miedo o el de la persona que ha experimentado una pérdida, ten cuidado con la tendencia al aislamiento. Muchos dolientes han expresado que cuando necesitaron hablar de "lo que pasó" y de la relación que perdieron, la mayoría de sus amigos se apartaron y parecían tener miedo de hablar del tema

Sé tú quien rompa el ciclo de miedo y aislamiento en el proceso de duelo de alguien. Acércate con valentía al escenario con un oído atento y una pregunta reflexiva que dará al doliente la libertad de hablar abiertamente de su pérdida.

CARTAS DE DUELO

Las cartas de duelo pueden ser muy útiles para procesar una pérdida. Tanto los que se enfrentan a la destrucción de un matrimonio, como los que han perdido su trabajo o su mascota, pueden encontrar alivio escribiendo una carta que describa su dolor más profundo. Aunque la carta no va dirigida a una persona concreta, es beneficiosa no sólo para el doliente. Su lectura puede ayudar a amigos y familiares a comprender mejor el dolor que se está experimentando.

La idea de escribir una "carta de duelo" puede parecer trillada para quienes no han experimentado una pérdida, pero a mí y a mi familia nos ha resultado útil para liberar el dolor. Escribí una carta de este tipo a la directiva de la organización religiosa sin fines de lucro de la que fui despedido. Sentí más alivio de mi dolor al escribir esta carta que al recibir la carta genérica que me enviaron como respuesta. Y como ya mencioné antes, pero vale la pena repetirlo, vi el alivio del dolor que experimentó mi hija después de escribir una carta a su madre un par de meses después de su muerte.

LA PÉRDIDA DE UN TRABAJO

Muchos graduados universitarios no llegan a trabajar nunca en el campo de estudio en el que reciben su título. Yo no estoy entre ese grupo. Me sentí profundamente realizado al encontrar una carrera que me apasionaba desde el principio. Trabajé en una organización religiosa sin fines de lucro que estaba muy orientada al trabajo en equipo.

En uno de nuestros primeros encuentros con los líderes de este grupo, se manifestaron sus profundas convicciones y su pasión. Recuerdo que me dirigí a mi mujer, Ruth, y le pregunté: "¿Crees que podrías pasar el resto de tu vida trabajando con gente así?". Entre lágrimas, murmuró: "¡Sí!".

Tras un año y medio de orientación y formación en liderazgo, se nos asignó un puesto de enseñanza y liderazgo. En los ocho años siguientes tuvimos nuestros cuatro hijos y el privilegio de trabajar en colaboración con otros líderes con gran experiencia. La oportunidad de asociarnos estrechamente con los nuevos candidatos que pasaban por el centro de formación profundizó nuestras raíces en la organización más que cualquier otra cosa que hubiera experimentado en mi vida. De hecho, llegamos a estar más cerca de muchos de nuestros compañeros de trabajo que de nuestros familiares.

Mi siguiente destino fue enseñar y servir como presidente en una escuela de formación de nivel universitario en otro estado. Nos trasladamos e instalamos rápidamente en nuestras nuevas funciones allí. Dado que la lealtad es uno de mis puntos fuertes, me comprometí mucho con el trabajo que me habían asignado. Nuestra vida familiar giraba en torno al trabajo que realizaba en la escuela.

Entonces llegó la tragedia. El cáncer. Durante esos siete años de lucha contra el cáncer en familia, superé el estrés personal que me supuso y continué con entusiasmo mis funciones en la escuela, pidiendo sólo descansos para llevar a Ruth a sus citas con el médico. Lo hice hasta el día de su muerte.

Dos años después de la muerte de Ruth me casé de nuevo. Judith y yo teníamos cada uno cuatro adolescentes que aportar al matrimonio. El único problema que generó nuestro matrimonio giraba en torno a la política de la organización que exigía que todos los miembros recibieran una formación orientativa de un año, como la que yo impartí durante mis primeros ocho años con ellos. Judith no había recibido esta formación antes de casarnos.

Esta política había sido "ley" en esta organización desde su creación. Ninguno de los dirigentes de entonces tenía la libertad (el valor) de hacer excepciones. La "carta de despido" vino con la condición de que para continuar con el grupo, tendríamos que renunciar a la escuela, trasladar a nuestra familia a otro estado y asistir a este programa de formación como estudiantes - acciones que eran logísticamente imposibles para nuestra familia. Quedamos efectivamente FUERA de la organización.

LA LEALTAD NO ES VÁLIDA

Recuerdo aquel difícil día. Uno de los líderes entró en mi despacho y empezó diciendo: "Dave, esto es muy difícil de decir para mí". Fue como si todo mi interior empezara a dolerme de golpe. Estaba aturdido, herido y me sentía totalmente abandonado por personas que creía que eran mis amigos. Mi corazón estaba tan herido que ni siquiera dije nada en mi defensa. ESTABA FUERA. No había hecho nada malo.

Mi fuerte sentido de la lealtad me impidió mostrar mi dolor y mi rechazo. Defendí a los dirigentes y disimulé muy bien mi dolor. Nunca derramé una lágrima. Simplemente luché con mi dolor en mi alma y mis pensamientos.

Una vez cumplidas nuestras responsabilidades con esa escuela, trasladamos a nuestra familia al otro lado de los Estados Unidos para comenzar una nueva vida en una nueva comunidad con un nuevo trabajo. Yo tenía dos trabajos y estaba cuidando a ocho adolescentes. No hace falta decir que el ajetreo a menudo impedía tener tiempo para la reflexión.

Judith era la única persona que realmente sabía que yo era un tipo lastimado. Mis hijos notaron que me había vuelto más "callado" en nuestra mesa. Un compañero de trabajo en la nueva escuela comentó que no parecía ser el líder/extrovertido que habría esperado de un ex presidente de una universidad. En efecto, mi espíritu se vio afectado por mi dolor reprimido.

La pérdida de mi trabajo y del puesto que ocupé durante 14 años fue la segunda pérdida más difícil que haya experimentado. Sólo la pérdida de mi primera esposa, Ruth, había sido más dura hasta ese momento. No afronté bien este proceso de duelo. Se prolongó durante tres años.

Pero al final conseguí la victoria al aceptar el duelo y dejarlo atrás. Estaba solo en nuestra propiedad con algunos animales que teníamos. De repente me eché a llorar y sollocé durante mucho tiempo al recordar a algunos de mis amigos íntimos que seguían en esa organización y que "me dejaron ir". Ellos pudieron seguir con la pasión que compartíamos por ese trabajo. A mí me habían privado de eso. Me obligaron a marcharme en contra de mi voluntad. Una última cosa que hice y que me ayudó fue escribir una carta de duelo a parte del equipo directivo implicado. Hacerlo le dio cierta libertad a mi espíritu.

He oído muchos otros ejemplos en los que hombres que perdieron su trabajo se sumieron en una profunda depresión durante mucho tiempo. Al igual que yo, estos hombres solían encontrar su identidad personal en su trabajo. Cuando la pierden, tiene problemas con su identidad y seguridad. Como muchos hombres parecen pensar que el duelo no es "de machos", intentan aguantar en lugar de llorar libremente hasta salir victoriosos.

Algo que podría haberme ayudado durante esos tres años de duelo habría sido que alguien abriera el tema de la pérdida de mi trabajo y me preguntara cómo lo superé o cómo fue atravesar esa pérdida emocionalmente. Incluso preguntarme cómo me sentí el día que me "dejaron ir" podría haber abierto el tema para que mi corazón se expresara y se liberara de parte de ese dolor.

MUJERES ANTE LA PÉRDIDA DE UN EMPLEO

Experimentar el dolor por la pérdida de un trabajo no es algo específico del género. Puede ser cierto que los hombres tienden a ligar su identidad a su trabajo, mientras que las mujeres tienden a encontrar seguridad en su trabajo; sin embargo, la pérdida puede ser igual de traumática para ambos.

Crystal se dio cuenta de que la pérdida de su trabajo le causaba una depresión provocada por su dolor. Empezó a dormir hasta tarde y a no arreglarse para salir durante el día. Los que más la ayudaron fueron los amigos que conectaron con su experiencia a través del cariño. Una amiga la llamaba cada mañana durante un tiempo para animarla a salir de la cama y afrontar un nuevo día. Crystal pronto empezó a levantarse y a vestirse como si fuera a trabajar. Esto le aligeró el ánimo y la ayudó a superar los profundos sentimientos de pérdida.

No todos sus amigos fueron tan comprensivos. Uno de ellos, al que visitó poco después de perder su trabajo, no tuvo en cuenta su dolor en sus acciones poco alegres y criticó su "falta de cuidado". Puede ser un reto para todos nosotros el ser sensibles y permitir que nuestros amigos afronten pérdidas en el curso normal de la vida, como la pérdida de un trabajo.

« Punto de reflexión »

La simpatía por el afligido reconociendo su dolor actual tiene más valor que los intentos de empatizar mediante la comparación con nuestras propias pérdidas.

✓ QUÉ DECIR
× QUÉ NO DECIR

✓ **No sé qué decir, pero quiero que sepas que me importas.**

× *Encontrarás algo/alguien más que le sustituya.*

✓ **No puedo arreglar tus heridas pero puedo estar aquí para ti.**

× *No te puedes derrumbar.*

✓ **¿Puedo llamarte para charlar el sábado por la noche?**

× *Siempre digo que "Lo hecho, hecho está".*

✓ **Lamento mucho que esto te esté sucediendo.**

× *Esto es una bendición disfrazada.*

✓ **Te hemos echado de menos últimamente.**

× *He tenido una pérdida más grande que tú, así que sé que no es tan malo como podría ser.*

"El dolor no es un trastorno, una enfermedad o un signo de debilidad. Es una necesidad emocional, física y espiritual, el precio que se paga por el amor. La única cura para el dolor es el duelo".

EARL GROLLMAN

CAPÍTULO 12

CUANDO ENFRENTÉ EL DUELO EXITOSAMENTE

Cómo encontré la fuerza y la sabiduría para sobrevivir a la pérdida y hacerlo bien

"No sé cómo lo haces. Has perdido a dos esposas y parece que te va tan bien", eran palabras habituales. Tras la muerte de Judith, muchas personas me hicieron comentarios similares. Algunos eran simples observaciones, mientras que otros realmente buscaban respuestas.

En este capítulo, me tomaré la libertad de disponer de la forma de pensar y perspectiva general que he desarrollado a lo largo de mi vida para explicarles abiertamente cómo eso afectó mi proceso de duelo. Mis bases familiares, mis propias experiencias personales, lógica, creencias religiosas y el mensaje de la Biblia contribuyeron a determinar la forma en que abordé y respondí a la tragedia. He observado que la mayoría de las personas recurren por defecto a este tipo de cosas cuando sufren.

Mi más sincera súplica es que las verdades aquí expuestas te sirvan de ayuda para afrontar tus propias pérdidas y para ayudar a los que se crucen en tu camino y que estén sufriendo una pérdida.

LA BIBLIA

Fue una bendición de Dios y un enorme privilegio nacer en una familia fuerte que tenía una profunda creencia en Dios con base en su Palabra, la Biblia. No hice nada especial para nacer donde nací.

Sin embargo, la mentalidad, las creencias y las enseñanzas de mi familia y mi iglesia fueron fundamentales para establecer mi visión del mundo, la vida y la muerte. La herencia familiar que adquirí se basaba en una creencia arraigada en el Dios de la Biblia que se remontaba a varias generaciones en ambos lados de mi familia. No sólo escuché el mensaje de la Biblia de mis padres, sino también de mis abuelos y tíos.

OPCIONES

Entonces, si la familia y la ubicación geográfica en la que uno nace son vitales en la forma de procesar el duelo, ¿por qué no todos los que tienen estos beneficios procesan bien el duelo? Porque en la mezcla están incluidas las elecciones personales de cada individuo. El simple hecho de estar expuesto a un sistema de creencias, ya sea a través de la familia o de la cultura, es sólo el principio. Tus elecciones y convicciones personales son las que activan esas enseñanzas y mensajes.

LA NECESIDAD

La verdad central de la Biblia que mi madre me enseñó giraba en torno a que Dios creó al hombre para que tuviera una relación estrecha con Él. Como creador del universo, Dios eligió tener sólo esta relación personal con la humanidad. Dado que Dios representa y es todo lo justo y bueno, una relación con Él tenía que girar en torno a esas características. El primer hombre creado, Adán, rompió ese vínculo al hacer algo contrario a Dios. Desobedeció un mandato, rompiendo así la relación creada entre Dios y la humanidad. Como Dios es todo lo justo y bueno, estableció un plan para arreglar la relación rota. Prometió este plan y luego lo ejecutó enviando a Jesús, su Hijo, para que viviera una vida perfecta entre los hombres y mujeres y luego muriera, haciendo posible la restauración de esa relación con Dios Padre. Decidió que sería un regalo que se recibiría por la fe. Cualquiera que rechazara el plan de Dios a través de Jesús pasaría la eternidad al morir lejos de Él.

Mi madre me mostró lugares en la Biblia que explicaban claramente esto. Afortunadamente, también me dejó claro que debía tomar una decisión sobre el regalo de Dios a través de Jesús para mí. Señaló que mi relación básica con Dios no estaba rota sólo porque fuera un chico malo de vez en cuando, pero que si necesitaba responder al mensaje de Dios porque había nacido necesitándolo. Me leyó de la Biblia: "Así que, como por el pecado de uno vino la condenación a todos los hombres..." (Romanos 5.18). La "ofensa" de Adán se transmitió a todos los seres humanos nacidos desde entonces, lo que hace necesaria una respuesta personal de cada individuo. No creer en el plan de restauración de Dios sella el juicio. "El que en él [Jesús] cree, no es condenado; pero el que no cree, ya ha sido condenado, porque no ha creído en el nombre del unigénito Hijo de Dios" (Juan 3.18).

LA PREVISIÓN

De pequeño, disfrutaba de la Navidad como cualquier otro niño. Éramos humildes económicamente y recuerdo momentos en los que sólo había un regalo para cada uno de nosotros. Sin embargo, mamá y mi iglesia se esforzaron por ayudarme a ver un panorama más amplio. La Navidad era la celebración de la venida de Jesús a la tierra para llevar a cabo el plan de Dios de restaurar la relación de la humanidad con Él. Disfrutaba escuchando las historias de la vida de Jesús en mis clases dominicales en la iglesia. Me explicaron que el propósito de que Jesús se convirtiera en hombre era que muriera por los males que había cometido toda la humanidad. "... que Cristo murió por nuestros pecados, de acuerdo con las Escrituras, que fue sepultado, y que resucitó al tercer día, y que fue visto por Cefas, y luego por los doce" (1 Corintios 15.3-5). Podemos constatar que Dios, a su vez, aceptó la obra de la muerte de Jesús como pago por todas nuestras violaciones de la naturaleza de Dios, porque lo resucitó de entre los muertos. "... Dios... prometió antes, por medio de sus profetas en las Sagradas Escrituras, lo relativo a su Hijo Jesucristo, nuestro Señor,... y lo declaró Hijo de Dios con poder según el Espíritu de santidad, por la resurrección de entre los muertos" (Romanos 1.1-4).

MI PRIMERA RESPUESTA

Mi madre nos leía la Biblia a mi hermano y a mí todas las noches que podía antes de acostarnos. Una noche, cuando yo tenía siete años, nos dijo que estaban dando la Cruzada de Billy Graham en la televisión y que si nos portábamos bien mientras ella leía la Biblia podríamos quedarnos despiertos un poco más y escuchar la parte musical. Bueno, yo no fui tan bueno y me mandaron a la cama. Mientras mi hermano veía la música, yo estaba en la cama solo, pensando. Mamá entró y me encontró llorando. "No quiero ir al infierno cuando me muera", solté entre lágrimas. Mamá volvió a recordar que todo lo que tenía que hacer era creer en Jesús y Dios restauraría mi relación con Él y que la muerte y resurrección de Jesús pagaría por todos mis pecados contra Él. Así lo hice. Desde ese momento supe que después de mi muerte física, pasaría toda la eternidad en la presencia de Dios Padre. Iría al cielo.

EL MAL

El problema de la maldad en mi corazón se había resuelto ante Dios, sin duda. Eso no significaba que no siguiera fallando de vez en cuando. Mamá lo sabía con certeza. Sin embargo, ella fue fiel en seguir ampliando mis conocimientos sobre el mal en el mundo en que vivimos. Me contó la historia de Satanás y cómo se rebeló contra Dios. Luego fue confinado a la tierra y ahora se venga de Dios con la humanidad. Utiliza el mal para resistir a Dios y al pueblo de Dios. Los profesores de la iglesia me enseñaron que, por ser uno de los hijos de Dios, Satanás me haría daño y tendría malas intenciones. Sin embargo, no tengo que ser derrotado por él, sino ser consciente de que a veces cuando ocurren cosas malas pueden venir de él. Puedo vencer sus intenciones con Jesús. "Hijitos, vosotros sois de Dios, y los habéis vencido; porque mayor es el que está en vosotros, que el que está en el mundo" (I Juan 4.4). "Someteos, pues, a Dios; resistid al diablo, y huirá de vosotros. Acercaos a Dios, y él se acercará a vosotros." (Santiago 4.7,8).

Mi aprendizaje sobre el mal continuaba. Debido a la rebelión de Satanás contra Dios y a la desobediencia de Adán a Sus mandatos, el mal tiene una fuerte influencia en la tierra y en el mundo tal como lo conocemos. Esta maldición afecta a toda la creación de Dios, incluyendo a la humanidad. Las cosas negativas causadas por el mal comprenden cosas como las malas hierbas en el jardín, el clima destructivo, la inmoralidad, los asesinatos, el maltrato de las personas, las malas intenciones o actitudes de unos a otros y las enfermedades. Hasta el día en que Jesús regrese y corrija todo eso, podemos esperar que el mal continúe. El mal, por lo tanto, puede ocurrirnos simplemente porque somos humanos viviendo en este mundo en este momento. A las personas buenas les pueden ocurrir cosas malas sin que tengan culpa alguna.

MI EJEMPLO

Mi mente de siete años tenía muchas preguntas sobre lo que es realmente vivir la vida y tener una relación personal con Dios. Aquí es donde mi familia y mis amigos de la iglesia actuaron de nuevo. Observé cómo lo hacían. Las dos personas más cercanas a mí que demostraron evidencias de tener una relación personal con Jesús fueron mi madre y su madre, mi abuela. Independientemente de cualquier defecto de carácter o personalidad en ellas que pudiera haber observado a lo largo de los años mientras crecía, estas señoras me demostraron que era posible que Jesús fuera un amigo personal. Cuando hablaban de Jesús, me daba cuenta de que no era un concepto abstracto o una teoría de la religión. Era una persona real con la que hablaban y a la que escuchaban a menudo.

La conexión de mi madre con Dios era firme. Acudía a Él en los momentos de dolor, como cuando murió mi padre o cuando tuvimos graves dificultades económicas. Le cantaba cuando estaba feliz en los buenos tiempos. Su ejemplo me mostró que yo también podía hacerlo. Y así fue.

MÁS OPCIONES

Mis años de instituto fueron tiempos de cambio para nuestra familia. Mamá se volvió a casar y se sumaron tres hermanas más a nuestra familia. El proceso de integración familiar no siempre fue fácil para mí, ya que era el hijo mayor. También nos mudamos, pasé por la pubertad y asistí a una escuela secundaria en otra ciudad. Decidí mantenerme fiel a la mentalidad bíblica de Dios como gobernante del universo y Señor de mi vida a través de todos estos cambios. La iglesia era una parte fundamental de mi vida. Disfrutaba escuchando las enseñanzas de la Biblia, cantando canciones e himnos sobre Dios, siguiéndolo y esperando estar con Él en el cielo algún día.

El verano entre mi penúltimo y mi último año escolar me planteó otra decisión que cambiaría mi vida. Me ofrecieron una beca en una importante universidad agrícola de Iowa. Sabía que tenía que orar al respecto, así que una tarde, después de la iglesia, me detuve en un pastizal cercano a los edificios de nuestra granja, donde oraba con frecuencia. Dios me habló diciendo: "Sígueme". Me indicó que debía prepararme para estar oficialmente en una posición para hacer cosas que promovieran Su mensaje en el mundo. Dije: "Sí". La semana siguiente recibí por correo un catálogo de una universidad bíblica en Kansas City, Missouri. Decidí rechazar la beca y aplicar a la universidad bíblica en su lugar. Sabía que mi vida estaba siendo dirigida personalmente por Dios y confié en Él.

Mis elecciones se basaban en mi amistad con Cristo. Creía en lo que Él decía en la Biblia. " Nadie tiene mayor amor que este, que uno ponga su vida por sus amigos. Vosotros sois mis amigos, si hacéis lo que yo os mando. Ya no os llamaré siervos, porque el siervo no sabe lo que hace su señor; pero os he llamado amigos, porque todas las cosas que oí de mi Padre, os las he dado a conocer" (Juan 15.13-15).

FE DESAFIADA

Mis años de estudio en el instituto bíblico fueron muy formidables. A medida que aumentaba mi conocimiento de lo que dice la Biblia y su significado, desarrollé un deseo de conocer mejor a mi Amigo. Confiar más en Jesús y caminar por el camino de la fe se convirtieron en objetivos personales importantes. Aspiraba a la definición de fe en Dios de la que hablaba el apóstol Pablo. "Primeramente doy gracias a mi Dios mediante Jesucristo con respecto a todos vosotros, de que vuestra fe se divulga por todo el mundo." (Romanos 1.8).

Pronto empecé a darme cuenta de que "el camino de la fe" incluía algo más que las decisiones importantes. Involucraba la forma de vivir el día a día. Unas sencillas afirmaciones empezaron a tener un profundo impacto en mi enfoque de la vida diaria. Una cita de origen desconocido que nunca he olvidado es: "Si te arrestaran por ser un seguidor de Jesús, ¿habría suficientes pruebas para condenarte?". Jesús dijo: "¿Y por qué me llamáis, Señor, Señor, y no hacéis lo que yo digo?". (Lucas 6.46)

Basándome en mi relación personal con Jesús, la fe y la fidelidad se convirtieron en objetivos diarios en mi vida. Aunque gran parte de mi vida diaria estaba pensada para mí -los horarios de clase y de trabajo, las responsabilidades laborales, los requisitos de las clases y las horas de sueño-, empecé a darme cuenta de que yo elegía gran parte de cómo vivir mi vida. Elegía cómo responder ante las situaciones, mi actitud hacia las personas; elegía cómo gastar mi dinero, a qué actos sociales asistía y cómo utilizaba mi tiempo libre durante las horas de vigilia. Empecé a ver que mi respuesta adecuada o inadecuada a los errores que cometía se basaba en si respondía por fe en Dios o por mis deseos egoístas. Aunque mi curva de aprendizaje parecía enorme, la escalé voluntariamente hacia una relación más estrecha con Dios.

LA VIDA CONTINÚA

Después de mis años en la universidad, mi vida transcurrió con cierta "normalidad" (sea lo que sea eso). Me casé, me asignaron un trabajo, tuve hijos, desarrollé amistades, aumenté mi responsabilidad tanto en el trabajo como en el hogar, y así sucesivamente. Mi esposa, Ruth, y yo seguíamos un curso de vida "normal", construyendo una carrera y criando una familia de cuatro. Practicamos las lecciones aprendidas sobre la confianza en Dios y el vivir en estrecha relación con Él en todas las áreas de nuestra vida lo mejor que pudimos. Confiamos en Él en nuestras finanzas, en la crianza de nuestros hijos, en el tiempo libre, en las amistades, en las funciones laborales y en la asistencia a la iglesia. Él siempre fue fiel. Nos tomamos muy en serio lo siguiente: "...Si, pues, coméis o bebéis, o hacéis otra cosa, hacedlo todo para la gloria de Dios." (1 Corintios 10.31).

Mi referencia sobre la vida como algo "normal" incluye los altibajos que nos ocurren a todos. Incluye los errores de cada uno de nosotros en nuestra familia. Las decepciones económicas, profesionales y sociales forman parte de nuestra experiencia humana.

EN CRISIS

El cáncer no es lo que se suele considerar normal. He oído decir que "cualquiera puede confiar en Dios cuando las cosas van bien". Pero, ¿realmente confiamos en Él cuando parece que no le necesitamos tanto?

No teníamos ni idea de a qué profundidad nos llevaría esta espiral descendente cuando Ruth nos anunció que había encontrado un bulto y que debía pedir cita con un oncólogo. Las semanas y los meses siguientes estuvieron llenos de retos, dolores, decepciones e incluso luto de bajo nivel.

El bulto era una forma agresiva de cáncer. Los tratamientos incluían cirugías, quimioterapia, radiación y pruebas constantes.

Sin embargo, nuestra esperanza seguía firme, sustentada en nuestra relación con Dios. Aunque deseábamos la seguridad de una vida sin dolor, confiábamos más en Él. Creer que el dolor formaba parte de la experiencia humana y que no estábamos exentos de él nos ayudó a superar los ataques de "¿por qué a mí?" y la sensación infundada de "ser castigados".

Nuestro amigo Jesús nunca nos abandonó en nuestros momentos de bajón. Lo sabemos porque Él lo dijo. "Porque Él mismo ha dicho: 'Nunca te desampararé ni te dejaré'. Así que podemos decir con valentía: El Señor es mi ayudante; no temeré. ¿Qué puede hacerme el hombre?" (Hebreos 13.5,6).

Es cierto que pasar por una crisis como la del cáncer era algo nuevo para nosotros. Nunca habíamos experimentado algo tan duro. Sin embargo, confiar nuestras vidas plenamente a Jesús no era nada nuevo para nosotros y por eso seguíamos haciéndolo. Simplemente necesitábamos aprender a pasar por estos momentos tan duros. Nuestro dolor y nuestras lágrimas siempre se encontraron con el consuelo de nuestra relación personal con el mismo Jesús.

LA REALIZACIÓN

Confiar en Dios durante nuestros tiempos difíciles no evitó que a veces lucháramos con nuestras preguntas.

Una tarde, tras un severo tratamiento de quimioterapia, Ruth hablaba por teléfono con su madre. Ruth le hizo la pregunta "¿Por qué a mí?" a su madre. La respuesta de Louise fue clásica. "Bueno, Ruthie, ¿por qué no tú? Hasta ahora tu vida ha sido bastante sencilla y sin dolor. ¿Por qué crees que deberías estar exenta de situaciones difíciles y otros no?". Esto, por supuesto, coincidía con lo que dijo el propio Jesús: "En el mundo tendréis aflicción; pero confiad, yo he vencido al mundo." (Juan 16.33).

Ruth era enfermera. Había visto a muchísimas personas en los hospitales en los que trabajaba pasar por todo tipo de dolores y sufrimientos físicos. Ella sabía que su madre tenía razón en cuanto a que muchas otras personas experimentaban crisis físicas, de todas las edades y condiciones. Todo forma parte de vivir en este mundo que recibe tanta influencia del mal. El dolor y el sufrimiento parecen ser una parte normal de la experiencia humana. Cada uno de nosotros en cierto modo espera que no nos ocurra a nosotros.

MUERTE

Nunca había visto morir a nadie. Ver a Ruth dar su último aliento fue impactante. Todo lo que podía pensar era que realmente había muerto. Se había ido. Mi corazón empezó a doler de una manera que nunca había experimentado antes. La pena me envolvía, me asfixiaba.

Mi primera respuesta a Dios se basó de nuevo en mi relación con Él hasta ese momento. Le pedí que me ayudara con mi dolor como si fuera un amigo. No arremetí contra Él como un tirano distante en el cielo que "me hizo esto". Él me ayudó a aprender a manejar tantas cosas en mi vida hasta ahora, que sabía que me ayudaría con este dolor. Y lo hizo.

Recurría a la Biblia en busca de palabras de seguridad y consuelo en momentos de dolor. A lo largo de los años, como recibí tantos mensajes alentadores de la Palabra de Dios, supe que podía contar con mi Amigo para también hallar palabras de consuelo y propósito. No me decepcionó. "Bendito sea el Dios y Padre de nuestro Señor Jesucristo, Padre de misericordias y Dios de todo consuelo, que nos consuela en todas nuestras tribulaciones, para que podamos consolar a los que están en cualquier dificultad, con el consuelo con que nosotros mismos somos consolados por Dios" (2 Corintios 1.3,4).

El cáncer y la muerte de Rut no eran consecuencia de sus pecados, sino un efecto "normal" de vivir en un mundo afectado por la influencia del pecado. El hecho de tener una relación con Dios a nivel espiritual no nos exime del funcionamiento regular de la naturaleza y la genética. Dios simplemente ha prometido ayudarnos a través de las experiencias de la vida. Confiamos en Él para que nos dé una perspectiva más amplia.

PERSPECTIVA MÁS AMPLIA

Recordamos el relato bíblico en el que se le preguntó a Jesús quién había pecado, provocando que un hombre fuera ciego de nacimiento. Él respondió: "Ni este hombre ni sus padres pecaron, sino que las obras de Dios se manifestaron en él" (Juan 9.3). Jesús prosiguió con la curación de aquel hombre aquel día.

La muerte de Ruth no fue una derrota. En realidad, ella ganó. Verás, ella tuvo el privilegio de ir al cielo, a la presencia misma de

Dios, sin la molestia de vivir aquí, en un mundo influenciado por el mal, durante los siguientes cuarenta y tantos años. Aunque me quedé con un vació en mi alma afligida, tuve el privilegio de ver a Dios usar mi pérdida para mostrarle a otros cómo Él consuela de maneras poco comunes. Se cumplió un propósito mayor. Muchas personas han sido ayudadas en su camino por la vida en este mundo malvado gracias a nuestra historia.

Recuerdo un ejemplo de esto. Un pastor local me paró en un ascensor público. Me dijo: "Espero que no te importe que te utilice como ejemplo en mi sermón del domingo". Puse cara de sorpresa pero le indiqué que estaba seguro de que estaba bien. Continuó explicando. "Leí tu reciente carta sobre la enfermedad de tu esposa. Me gustó tu perspectiva. Mi intención era mostrar a la congregación cómo un seguidor de Jesús debe manejar el dolor y el sufrimiento a partir de su relación con Cristo. Tú nos has mostrado cómo se hace". Me sentí honrado.

NUEVO COMIENZO

Judith y yo compartíamos la misma visión bíblica del mundo. Durante nuestro tiempo de noviazgo pasamos horas revisando nuestras experiencias comunes al pasar por el sufrimiento y la muerte de nuestros cónyuges. Ambos habíamos aprendido a lidiar con el dolor y la muerte a partir de la Palabra de Dios y de nuestra relación personal con Jesús. Estábamos en la misma línea.

Tener una visión del mundo y una relación con Jesús comunes fue primordial para el desarrollo de nuestra unidad a la hora de afrontar los retos que tuvimos que afrontar juntos en los veinte años que compartimos. Juntar y terminar de criar a ocho adolescentes tuvo ciertamente sus desafíos. Muchas veces no teníamos otro lugar al que acudir que no fuera el uno al otro y a Dios cuando los tiempos se ponían difíciles.

Las preocupaciones físicas de Judith durante los últimos cinco años de su vida dejaron muchas preguntas en nuestras mentes, pero ninguna de ellas debilitó nuestra confianza en el liderazgo y el cuidado de Dios. Dios había sido tan constante en darnos paz interior y dirigirnos en tantas áreas a lo largo de los años, que no teníamos ninguna razón para cuestionarlo ahora. Fuimos fieles a la hora de vivir la realidad con la que nos topamos, tanto en lo que respecta a la nutrición como a la dependencia espiritual de Dios.

LA MUERTE DE NUEVO

Ese día en el hospital, cuando le dije a Judith que iba a morir pronto, está grabado en mi memoria. Nos abrazamos y lloramos profundamente durante mucho tiempo. Lloramos juntos su muerte durante varios días. Nuestra confianza en la orientación, el cuidado y la cercanía de Dios no eliminó nuestro dolor por la pérdida inminente. Pero sí nos proporcionó una base para afrontar los meses siguientes.

Las semanas que precedieron a la muerte de Judith ofrecieron muchas oportunidades para hablar con la familia y los amigos sobre su "vuelta a casa" y sobre la importancia de Dios. Cualquiera que hablara con ella durante esas semanas debía sentirse cómodo con el tema de la vida después de la muerte, porque ella hablaba de ello libremente. Las conversaciones de Judith ayudaron a muchas personas con su punto de vista sobre los cristianos que van al cielo y cómo ver ese evento. Encontré una frase en las notas de Judith que reflejaba su actitud. "Dios puede recibir tanta gloria de un cuerpo enfermo como de uno sano".

El alivio, en lugar de la conmoción, cruzó mi mente ante la muerte de Judith. Ella había sufrido con mucho dolor al final - y ahora su dolor había terminado. Pero entonces una pena abrumadora me golpeó, produciendo llantos incontrolables. Estaba sufriendo.

ORACIÓN

La oración puede desempeñar un papel importante en el proceso de duelo. Decirle al doliente que estás rezando por él puede ser un gran consuelo. Para mí lo fue. A veces me dolía tanto el corazón que incluso me resultaba difícil, o incluso imposible, rezar. El consuelo llegó al recordar a todas las personas que sabía que rezaban por mí. Dios me dio la seguridad de que no sólo estaban rezando por mí, sino que estaban rezando *en mi nombre* o literalmente en mi lugar. Esta idea me dio más paz y libertad para abrazar el dolor plenamente.

SOLEDAD

Tras la muerte de Ruth, todavía tenía cuatro hijos en casa que cuidar y seguía dando clases en la universidad. Mi lucha contra la soledad tuvo que pasar a un segundo plano muchos días, apareciendo a menudo por la noche. Sin embargo, después del funeral de Judith, volví a casa y me encontré con una cama y una casa vacías. El teléfono dejó de sonar porque todo el mundo sabía que se había ido. Las visitas a la puerta se redujeron a un par por semana. Me encontraba vagando por la casa hasta encontrar otra habitación vacía. La soledad y el silencio eran ensordecedores. Nunca en mi vida había experimentado tanta soledad.

Según mi práctica personal, acudí a Dios y a su Palabra en busca de ayuda y orientación. Le pedí a Dios que me mostrara cómo hacer frente a ese vacío asfixiante.

Su respuesta me vino del Evangelio de Juan en la Biblia, que también había leído tras la muerte de Ruth. Este escrito revela puntos sobre las últimas semanas del tiempo y las enseñanzas de Jesús en la tierra antes de que regresara a su Padre en el cielo. Comencé a ver un patrón en las cosas que Él dijo a los Apóstoles. "Hijitos, estaré con vosotros un poco más" (13:33). "A dónde voy no podéis seguirme ahora, pero me seguiréis después" (13:36). "Voy a prepararos un lugar" (14:2). "Estas cosas os las he dicho estando presente con vosotros" (14:25). "Pero ahora me voy con el que me envió...". (16:5). Jesús hablaba de su partida al cielo y de dejar a los discípulos solos en la tierra. Todo lo que dijo entre estas declaraciones eran instrucciones sobre cómo lidiar con la soledad.

DE LA SOLEDAD A LA PIEDAD

Encontré una serie de instrucciones del propio Jesús sobre las cosas que podía hacer para afrontar e incluso aprovechar mi soledad. Me di cuenta de que Jesús no me ordenó simplemente sentarme y "aguantarme". Él procedió con pautas y mandatos que aumentaron mi relación con Dios y literalmente me ayudaron a ser más como Él.

Sus directrices en el Evangelio de Juan eran básicas pero claras:

1. Dependan unos de otros(13:34)
2. Apégate a tus creencias fundamentales (14:1)
3. Recuerda lo que sabes sobre el cielo (14:2)
4. No olvides Mi regreso (14:3)
5. Yo soy el Camino a la vida verdadera (14:4-6) Recuerda Mis palabras (14:10-12)
6. Puedes tener éxito (14:12)
7. Ora (14:13-14)
8. Obedece mis órdenes (14:15,21,23)
9. El Espíritu Santo te ayudará (14:16-18)
10. La soledad puede ayudarte (14:19,26)
11. Abraza Mi paz (14:27)
12. Da gloria a Dios (14:13; 16:14; 17:1,4)
13. Mantente cerca de Mí (15:1-8)

Cada una de estas piezas era importante para mí. Algunas me ayudaron a aclarar mi pensamiento. Otras aliviaron el tormento de mis emociones. Necesitaría escribir un capítulo por punto para tratar de explicarlas cada una con claridad. Eso lo dejaré para otro libro y otro momento.

Sin embargo, para ejemplificarlo, repasaré el número tres: el cielo. Jesús habló de ese lugar como si fuera un sitio real al que iba a ir y me prometió que yo también podría estar allí algún día. Esa realidad redujo parte de mi miedo a lo desconocido sobre dónde estaban mis seres queridos después de la muerte. También me dio paz sobre mi futuro, ya que mi muerte, algún día, era tan segura como la de ellos. Mis preocupaciones mentales sobre el "más allá" las emocionales por mis seres queridos se calmaron. En consecuencia, mi dolor se procesó con más calma.

TÚ

Concluyo que sé que mi visión del mundo funciona gracias a mi experiencia de toda una vida basada en Dios y en Su Palabra. Es con gran confianza que puedo brindarte esta información.

El hecho de que hayas leído todo esto hasta ahora indica un interés por tu parte en el mensaje que estoy comunicando. Espero y ruego de corazón que algo de lo que haya dicho aquí pueda servirte de ayuda. Además, si actualmente no tienes esa relación adecuada con Dios a la que me he referido anteriormente, me gustaría invitarte a comenzarla ahora. "Porque de tal manera amó Dios al mundo [a ti] que dio a su Hijo unigénito, para que todo aquel [tú] que crea en él no perezca, sino que tenga vida eterna. Porque Dios no envió a su Hijo al mundo para condenar al mundo, sino para que el mundo se salve por medio de Él" (Juan 3:16,17).

« Punto de reflexión »

Cuando estés ante Dios en tu muerte y te pregunte:
"¿Por qué debo dejarte entrar en mi cielo?",
¿cuál será tu respuesta?

✓ QUÉ DECIR
× QUÉ NO DECIR

✓ **Que Dios te bendiga y te dé fuerza y consuelo.**

× *Si tuvieras más fe, él/ella no habría muerto.*

✓ **¿Qué es lo que más necesitas hoy?**

× *Dios no nos da más de lo que podemos manejar.*

✓ **¿Qué te gustaría decirle en este momento?**

× *Tienes que olvidarte de él/ella y seguir adelante.*

✓ **Debes estar sufriendo mucho.**

× *Ahora está en un lugar mejor.*

✓ **Dios llora con los que lloran.**

× *Es demasiado pronto para enfrentar tu dolor.*

"¿Cómo se recogen los hilos de una vieja vida? ¿Cómo seguir adelante? En tu corazón empiezas a comprender. No hay vuelta atrás. Hay cosas que el tiempo no puede reparar. Hay heridas demasiado profundas... que se han arraigado".

SR. FRODO,
El Señor de los Anillos: El Retorno del Rey

CAPÍTULO 13

QUÉ HACER Y CUÁNDO

Sugerencias en orden cronológico de cosas prácticas para ayudar a los dolientes

La experiencia de una pérdida es diferente en cada circunstancia. Cada individuo se aflige de forma distinta. Algunas personas extienden su proceso de duelo durante un largo período de tiempo, mientras que otras parecen estar muy centradas en su dolor. Pero, en general, parece que hay patrones similares en el proceso que pueden ayudarnos a entender qué hacer en cada momento para ser de ayuda.

El siguiente calendario es el que yo solía seguir durante mi proceso de duelo por mis dos esposas. De ninguna manera pretendo que todo el mundo tenga que seguir este patrón exacto, pero mi camino puede servir como ejemplo práctico sobre la pérdida.

AL MORIR

El día que murió cada una de mis esposas tuve la suerte de tener amigos o familiares presentes. No puedo imaginarme el no tenerlos allí. Las muertes de mis esposas me dejaron tan aturdido que no pude ni siquiera pensar con claridad durante un tiempo. Tener a alguien allí, aunque no dijera nada, me ayudaba a mantenerme en pie. Se encargaban de la logística diaria de las cosas físicas, como las comidas, la limpieza y las decisiones que necesitaban atención inmediata.

No esperes, ni siquiera pretendas, que alguien te pida ayuda ante la muerte de su ser querido. Puede que ni siquiera puedan tomar una decisión tan sencilla. Busca la forma de ayudar visitando o llamando.

LA PRIMERA SEMANA

Este periodo de tiempo se vuelve confuso para muchos dolientes. Las posibles decisiones que hay que tomar pueden resultar abrumadoras. Todo, desde la búsqueda de una funeraria hasta la elección de un féretro, pasando por la planificación y ejecución de un funeral, se convierten en cosas monumentales a las que hay que hacer frente, todo esto sumado al dolor. Esta semana puede ser muy estresante tanto para el individuo como para la familia. Incluso las mejores familias pueden tener conflictos sobre algunos de los detalles que se requieren en este momento. Muchas de estas cosas suelen ser manejadas por los familiares cercanos, pero a veces no es así.

Estar disponible para ayudar en la planificación de los eventos de esta semana puede ser un primer paso. Dado que los afligidos suelen tener problemas para pensar con claridad, puede ser conveniente hacer sugerencias suaves sobre las cosas que hay que hacer y ofrecer ayuda. Los pequeños detalles, como el transporte de las flores desde el funeral hasta el cementerio, pueden estar en tu lista de ofrecimientos. Comidas para los afligidos y sus invitados son a menudo una gran bendición durante esta semana. Si hay un funeral o un servicio conmemorativo, haz todo lo posible por estar allí. Una llamada telefónica cada dos días suele ser bien recibida para recordar a los afligidos que no están solos en su dolor.

TRES SEMANAS

Las llamadas telefónicas, las tarjetas de pésame y las referencias a mis esposas disminuyeron notablemente a partir de la tercera semana. Parecía que alguien había hecho un anuncio público y todo el mundo había dicho: “Eso es todo. Vamos a olvidarla ahora”.

Sin embargo, a mí me ocurría lo contrario. El dolor había disminuido lo suficiente como para que la realidad de su ausencia llegara a mi nublado cerebro. Ahora volvía a estar permanentemente solo. Mi necesidad de hablar de todo lo sucedido aumentó en lugar de reducirse. Mis sesiones de llanto intenso habían pasado de tres veces al día a una o dos. Mi mente necesitaba procesar lo que mis emociones aparentemente habían estado respondiendo. Necesitaba hablar de su muerte más que nunca. Recuerdo haber pensado que habría dado cualquier cosa por que alguien me preguntara: "¿Cómo murió tu mujer? Cuéntame".

Mucha gente me preguntaba: "¿Cómo estás?". Yo respondía: "Bien". Sin embargo, los que más me ayudaban eran más específicos: "¿Cómo ha sido esta semana?" o "Dime en qué punto de tu camino o proceso de recuperación te encuentras".

Recuerdo que me asaltó el temor de que todo el mundo la olvidara. Me aferraba a sus recuerdos, pero parecía que todos los demás la olvidaban. Por eso, hacía cosas para asegurar un legado para cada una de mis esposas. En el caso de Ruth, escribí un artículo sobre su vida para una revista cristiana y lo publiqué. En el caso de Judith, pedí a mis dos hijas que hicieran un libro de fotos sobre ella. Uno de ellos era un libro conmemorativo con fotos e información sobre su familia. Las ocho familias de mis hijos recibieron un ejemplar. El otro era un libro de la "abuela" con fotos de Judith y de cada uno de sus nietos, un niño por página. Cada nieto recibió un ejemplar para las Navidades de ese año.

Se debe ofrecer un cara a cara, o al menos una llamada telefónica, con la intención de hablar un par de horas sobre la muerte del ser querido y el proceso de duelo que experimenta el doliente. Hay que evitar las afirmaciones generales al concertarla. Sé específico diciendo: "Me gustaría escuchar más detalles de cómo estás procesando tu dolor y tu recuperación".

TRES MESES

A los tres meses de la muerte de mis esposas, el proceso de duelo pareció ceder su control sobre mis emociones. Empecé a reír de nuevo. Me encontraba más a gusto en público, solo. Mis sesiones de llanto habían disminuido a una cada dos días. Sin embargo, de vez en cuando tenía que decirme a mí mismo que ella realmente había muerto. Seguía asimilando la verdad. Aun así, me seguía doliendo y sentía que tenía ese "agujero en el alma" visible mientras vivía la vida. Ansiaba la comunicación, la intimidad con un adulto, alguien con quien hablar de mis sentimientos. En este punto, las afirmaciones lógicas empezaron a ayudar más que los comentarios sinceros que necesitaba antes.

Era más complicado hablar largo y tendido sobre mi proceso de duelo, ya que la mayoría de mis amigos esperaban que ya lo hubiera "superado". Encontrar a alguien que me comprendiera y no "pensara mal" de mí se hizo más difícil. Me propuse aliviar esta necesidad hablando con otros hombres que habían perdido a su esposa en los últimos años. Eso me ayudó.

Es posible que tu relación con un amigo afligido no sea lo suficientemente estrecha como para tener conversaciones sobre "¿cómo te sientes estos días?". Sin embargo, podrías animarlos a tener esa conversación con alguien que lo conozca mejor y que lo escuche. Hablar del proceso y el progreso puede ser un gran paso para darse cuenta y aceptar los pasos dados hacia la curación.

Una tarjeta de ánimo a una persona en duelo puede asegurarle que no has olvidado su dolor y que le apoyas en su progreso hacia la superación. También puede ser una ayuda para sobrellevar su soledad.

SEIS MESES

Pensé que me estaba volviendo loco. Habían pasado seis meses desde la muerte de mi esposa y muchos días seguía sintiéndome tan vacío e inseguro emocionalmente como el primer mes después de su partida. *¿Qué me pasa?* me preguntaba. *Todo el mundo cree que estoy bien por fuera, pero sigo sintiendo que me falta algo por dentro.*

Para mí, la etapa de los seis meses fue una especie de "adolescencia" en mi proceso de duelo. No me sentía totalmente liberado (es decir, un adulto), pero había superado los momentos emocionales aparentemente descontrolados (es decir, la infancia) que viví durante tantos meses. Mis sesiones de llanto se medían en semanas en lugar de en días, y mi interés por mi futuro había aumentado.

En esta etapa, todavía tenía la necesidad de hablar con personas que se sintieran cómodas compartiendo sentimientos profundos y con personas que hubieran pasado por lo mismo. Uno de los hombres con los que tuve esa charla me dijo más tarde que fue un poco incómodo para él, pero que seguro que me ayudó. Otro dejó de escucharme después de unos minutos. Así que es evidente que se necesita una persona especial para cumplir con este requisito.

Aunque me di cuenta de que tanto mi situación mental como emocional se acercaban a un lugar más saludable, las "recaídas" en la fase de dolor eran frecuentes. Me habría reconfortado saber que el tiempo que pasaba en esta etapa "intermedia" del proceso de duelo era normal. Si alguien cercano a mí me hubiera "dado permiso" para abordar el dolor que volvía periódicamente, creo que me habría liberado de cierta culpa.

Durante los seis meses de duelo con mis dos esposas, la gente me "dijo" que era muy vulnerable emocionalmente. Mi respuesta fue de desconcierto e incluso de enfado. *No me siento emocionalmente vulnerable,* pensé. *Y además, ¿cómo saben cómo estoy emocionalmente? Ni siquiera han hablado conmigo de eso.*

Las palabras prudentes de un amigo de confianza habrían sido más eficaces que las de un conocido casual emitiendo un juicio a distancia. Es importante evaluar honestamente el nivel de relación con el doliente.

La verdad es que todavía me encontraba emocionalmente vulnerable. Doy gracias a Dios por no haber tomado ninguna decisión emocional de la que me hubiera arrepentido después. No pude constatar esa verdad sino hasta tres meses después. En el período de nueve meses, al mirar atrás y ver cómo me sentía en ese entonces en comparación con ese momento, me di cuenta de que mi estado emocional había mejorado y me sentía "más como yo mismo". Las posibles decisiones que podría haber tomado durante la etapa más tumultuoso, tanto en lo social como en lo profesional, no se habrían alineado con mis principios básicos de toda la vida.

NUEVE MESES

En nuestra cultura se ha aconsejado mucho sobre no tomar ninguna decisión importante durante los doce meses siguientes a la pérdida de un cónyuge. En muchos sentidos, veo sabiduría en ello. Da oportunidad de atravesar un ciclo de la vida lidiando con todas las "primeras veces" después de la pérdida de la pareja. Para el doliente, el tiempo es su amigo. En el caso de la muerte de mis dos esposas, me he afligido de una manera muy consciente. Me incliné hacia mi dolor y abracé el duelo de forma voluntaria. Supongo que no todo el mundo lo hace.

Para mí, el noveno mes de duelo fue un punto de inflexión. Por fin me sentía muy seguro socialmente. Sentí que mis emociones eran más "normales". Recordar a mis esposas no me causaba dolor ni vacío. Incluso disfrutaba cuando los amigos se burlaban de mí sobre la posibilidad de encontrar otra esposa en algún momento. Consideré con más seriedad la posibilidad de volver a casarme.

Esta etapa varía en cada persona, sin duda. He conocido a algunos hombres que estaban en este punto después de seis meses de duelo, y algunas mujeres que me han confesado que no fue hasta los dieciocho meses que estaban abiertas a entregar sus corazones de nuevo al romance.

CUMPLEAÑOS, ANIVERSARIOS, FIESTAS

Entre las "primeras veces" importantes por las que pasan los dolientes están las primeras vacaciones. Para algunos estos momentos pueden ser casi tan difíciles de vivir como el día en que murió el ser querido. Podemos incluir en nuestra agenda tarjetas, llamadas telefónicas e incluso invitaciones para hacer algo especial con la persona en duelo.

La primera Navidad después de la muerte de Ruth, mi familia y yo agradecimos la invitación de un amigo a pasar unas vacaciones potencialmente difíciles en un lugar en el que nunca habíamos estado. La primera Navidad después de la muerte de Judith respondí a una invitación para asistir a una cena comunitaria y me divertí mucho.

Recordar los aniversarios de boda y de fallecimiento con una tarjeta, una llamada telefónica o una visita puede ayudar a los afligidos a sobrellevar el día porque alguien, además de ellos, se ha acordado. Se sienten menos solos por el hecho de que lo has compartido con ellos. Incluso responder de alguna manera en el cumpleaños del fallecido puede tener el mismo efecto.

DOCE MESES

La marca de un año para los dolientes tiende a conllevar una incertidumbre. ¿Cómo se sentirán el día del aniversario de la muerte de su ser querido? ¿Alguien más lo recordará? ¿Qué deberían hacer ese día para conmemorar a su ser querido, si es que hay algo que hacer? Puedes acompañarle y ayudarle con muchas de estas preguntas.

Ten en cuenta la posibilidad de que el aniversario es un acontecimiento importante durante los próximos años. Muchos, no sólo repasan momentos la persona que han perdido, sino también el dolor asociado a esa pérdida.

Una llamada telefónica o una tarjeta mostrando que te acuerdas de tu amigo y de su ser querido será de gran ayuda para reconfortarlo. Si es posible, también puedes hacer algo físico con esa persona. Llévala a tomar un café o a cenar y hablen de la vida del fallecido. Acompañarlo a visitar el cementerio y llevarles flores en memoria de su ser querido ayudará a establecer un poco más de cierre y paz a los afligidos.

He conocido a algunos buenos amigos y parientes cercanos que han hecho el esfuerzo de poner algunas de las sugerencias anteriores en su calendario anual y realmente las han cumplido. Créanme, si no se anotan de alguna manera, lo más probable es que se olviden.

« Punto de reflexión »

Saber lo que hay que decir es sólo una parte de la responsabilidad de ser un acompañante emocional solidario. La otra parte gira en torno a la acción.

Cómo Ser un Mejor Amigo para Aquellos que Experimentan una PÉRDIDA

Amigo / familiar que me necesita	Fechas a Recordar	Primera Semana	Tres Semanas Después
	Fallecimiento Nacimiento Aniversario	*Muestra tu Amor* **LLAMA** Compra víveres Limpia la cocina Ofrécete a ayudar con las flores Ofrécete a hacer algunos traslados al aeropuerto	Haz preguntas específicas Háblame de... ...cómo lo estás procesando? Envíale una tarjeta Invítale a dar un paseo Haz un homenaje especial
	Fallecimiento Nacimiento Aniversario	*Muestra tu Amor* **LLAMA** Compra víveres Limpia la cocina Ofrécete a ayudar con las flores Ofrécete a hacer algunos traslados al aeropuerto	Haz preguntas específicas Háblame de... ...cómo lo estás procesando? Envíale una tarjeta Invítale a dar un paseo Haz un homenaje especial
	Fallecimiento Nacimiento Aniversario	*Muestra tu Amor* **LLAMA** Compra víveres Limpia la cocina Ofrécete a ayudar con las flores Ofrécete a hacer algunos traslados al aeropuerto	Haz preguntas específicas Háblame de... ...cómo lo estás procesando? Envíale una tarjeta Invítale a dar un paseo Haz un homenaje especial
	Fallecimiento Nacimiento Aniversario	*Muestra tu Amor* **LLAMA** Compra víveres Limpia la cocina Ofrécete a ayudar con las flores Ofrécete a hacer algunos traslados al aeropuerto	Haz preguntas específicas Háblame de... ...cómo lo estás procesando? Envíale una tarjeta Invítale a dar un paseo Haz un homenaje especial

Asegúrate de calendarizar las fechas por cada una de estas columnas. Las sugerencias son solo eso, sugerencias. Personaliza tus acciones de acuerdo con tu relación.

Se especialmente consciente de los cumpleaños, aniversarios y las fiestas.

Tercer Mes	Sexto Mes	Noveno Mes	Un Año
Organiza un momento para una agradable conversación *Envía una tarjeta:* No te olvidamos	HABLA Muéstrate dispuesto y disponible Sé honesto al ESCUCHAR	Acepta sus cambios Acepta las diferentes etapas de adaptación	Demuestra que aún te importa Envía una tarjeta Llama Entiende sus altibajos
Organiza un momento para una agradable conversación *Envía una tarjeta:* No te olvidamos	HABLA Muéstrate dispuesto y disponible Sé honesto al ESCUCHAR	Acepta sus cambios Acepta las diferentes etapas de adaptación	Demuestra que aún te importa Envía una tarjeta Llama Entiende sus altibajos
Organiza un momento para una agradable conversación *Envía una tarjeta:* No te olvidamos	HABLA Muéstrate dispuesto y disponible Sé honesto al ESCUCHAR	Acepta sus cambios Acepta las diferentes etapas de adaptación	Demuestra que aún te importa Envía una tarjeta Llama Entiende sus altibajos
Organiza un momento para una agradable conversación *Envía una tarjeta:* No te olvidamos	HABLA Muéstrate dispuesto y disponible Sé honesto al ESCUCHAR	Acepta sus cambios Acepta las diferentes etapas de adaptación	Demuestra que aún te importa Envía una tarjeta Llama Entiende sus altibajos

✓ QUÉ DECIR
× QUÉ NO DECIR

✓ **Estaba lleno de vida. Recuerdo el momento en que....**

× *Pronto lo superarás.*

✓ **He estado rezando por ti desde su muerte.**

× *Hazme saber cómo te puedo ayudar cuando quieras.*

✓ **¿En qué punto del proceso de duelo dirías que te encuentras?**

× *Al menos ahora puedes dejar esto atrás y seguir con tu vida.*

✓ **(3 meses después) Háblame de tu proceso hasta ahora.**

× *No tienes derecho a enfadarte con Dios.*

✓ **(6 meses después) Háblame de tu experiencia hasta ahora.**

× *Hace tiempo que está muerto. ¿Aún no los has superado?*

"El primer deber del amor es escuchar".

PAUL TILLICH

CAPÍTULO 14

CONCLUSIONES

Marcando la diferencia en tu mundo siendo un mejor amigo

El duelo es un tema difícil de afrontar. A la mayoría de nosotros no nos llama la atención como un tema en el que desearíamos ser expertos de forma natural. Sin embargo, hacer frente a la pérdida es una parte natural de la vida. Por el simple hecho de haber leído este libro, estarás por delante de muchos de tus compañeros y familiares en cuanto a tu capacidad para afrontar el duelo.

Saber qué decir, o no decir, se logra cuando se comprende mejor el proceso de duelo. Esta comprensión no siempre se obtiene a través de la experiencia personal. Podemos beneficiarnos de las experiencias de otras personas dispuestas a ser honestas sobre sus sentimientos y su trayectoria tras una pérdida.

Es de esperar que las vivencias y observaciones recogidas en este libro te hayan servido para conocer mejor el proceso de duelo. Ahora estás más preparado para ser un mejor amigo de los que te rodean y experimentan una pérdida. La mayoría de nosotros se encontrará con al menos una persona en el próximo año que deba procesar algún tipo de pérdida. Puede que incluso seas tú.

EN RESUMEN

Los comentarios de consuelo no deben estar orientados a "arreglar" el problema del sufrimiento del doliente. Por lo general, muchas personas que no han afrontado el proceso de duelo intentan evitarlo cuando se enfrentan al dolor ajeno. El dolor no se puede arreglar, necesita ser procesado. Por eso, lo primero que podemos hacer es reconocer el dolor en lugar de intentar que desaparezca rápidamente.

El duelo es el reconocimiento emocional de una pérdida. Es sobre todo un problema del corazón, no de la mente. Las palabras que se dicen con el corazón ayudan más a reconfortar a los afligidos que las que se dicen con la razón. Explicar lógicamente el dolor no ayuda a calmar la herida del corazón. La lógica de la mente puede desempeñar un papel importante en el procesamiento a largo plazo, pero se queda corta cuando lo que más afecta en ese momento es lo emocional.

Los dolientes son sensibles a los comentarios insolidarios que parecen minimizar su dolor. El duelo surge de lo más profundo de nuestro ser. Negarlo o disminuirlo puede percibirse como una crítica personal. Tales insinuaciones pueden causar culpa y retraimiento por parte del doliente y ser un obstáculo para su capacidad de procesar su pérdida satisfactoriamente. Permitirles hacer el duelo les hará sentirse mejor.

Evitar a los afligidos socialmente, o evitar el tema de su pérdida, ahoga su proceso de duelo. El dolor puede convertirse en el famoso "elefante en la habitación" con los afligidos. Lo notan incluso más que sus amigos. Excluirlos de los eventos y conversaciones sociales sólo acentúa su dolor. La evasión no suaviza el dolor para ellos. Eliminar el tema de su experiencia de duelo y de la persona que han perdido es ignorar lo más importante que está ocurriendo en su vida. Los buenos amigos no hacen eso.

Evita los límites de tiempo. Establecer un límite sobre cómo y cuánto tiempo una persona puede llorar una pérdida en particular puede ser degradante para el doliente. Puede sentir que se le está faltando el respeto a su pérdida o a su ser querido. Ten en cuenta el tiempo al ofrecer palabras de consuelo. Hay que saber discernir cuándo hacer ciertos comentarios a un doliente. Ser un mejor amigo consiste en escuchar y apoyar su camino, en lugar de limitarlo.

Los afligidos no buscan frases lógicas ni que se les diga lo que tienen que hacer. Lo que necesitan es que se les escuche. A nadie le gusta ser " mandado " en las mejores circunstancias. Dar "órdenes" a una persona que está de duelo en un intento de "convencerla de que lo supere" sólo conseguirá que se aleje de ti como persona sin aportar ninguna ayuda eficaz para su dolor. Las palabras explicativas deben ser oportunas y presentarse en forma de sugerencias o ejemplos. Los dolientes necesitan ser escuchados más que dirigidos.

Los sermones teológicos rara vez alivian el dolor de una pérdida reciente. Los argumentos teológicos en ese momento pueden ser malinterpretados como una reprimenda. Pueden interpretarse como un rechazo y no como una forma de consuelo. Las creencias religiosas suelen acogerse en la mente por la puerta de la lógica. El dolor emocional rara vez se alivia profundamente por esa vía. Reitero, es importante el momento en que se aborda este tema.

El consuelo, para los afligidos, tiene que ser más sobre su dolor personal, que sobre la persona que han perdido. Es muy fuerte la tentación de hablar más de la persona o del bien que ya no está, que de las necesidades del doliente. El problema más profundo es el dolor emocional interior. Las afirmaciones lógicas pueden ser de ayuda. Sin embargo, si ignoramos el dolor que se está experimentando, no ayudaremos a nuestro amigo a superar su situación con la misma eficacia.

Los comentarios que puedan interpretarse como una actitud crítica no son un consuelo para los afligidos. A nadie le gusta que le digan que está equivocado o que es culpable de la tragedia. Los afligidos suelen enfrentarse a formas de culpabilidad en el flujo normal del proceso. Añadir culpa a su dolor no sirve de nada. Se encuentran en un momento muy vulnerable de sus vidas por lo que hay que elegir las palabras con cuidado.

Es habitual que el acompañante sienta cierta incomodidad, pero esto no debe ser un obstáculo. Recuerda que tus palabras de consuelo deben girar en torno a los sentimientos del doliente. Muchos de los ejemplos de "Lo que no hay que decir" fueron emitidos por aspirantes a consejeros que se sentían incómodos con sus propios sentimientos. Es útil evitar las afirmaciones que comienzan con "yo siempre digo" y "tú sólo deberías" dirigidas a los dolientes. Presta atención al estado emocional de tu amigo.

Reconocer el dolor actual del doliente tiene más valor que los intentos de empatizar mediante comparaciones con tus propias experiencias pasadas. La tendencia por "hacer una comparación" con el afligido en un esfuerzo por simpatizar con él, generalmente resulta en un juego de comparación que puede aminorar el dolor del afligido. Además, dado que cada persona sufre de forma diferente, no suele ser beneficioso hacer comparaciones, sino simplemente buscar la comprensión de la experiencia del doliente.

Saber lo que hay que decir es sólo la mitad de la responsabilidad de ser un acompañante emocional solidario. La otra mitad gira en torno a la acción. Estoy verdaderamente agradecido con las personas de mi vida que no sólo supieron qué decir, sino que también actuaron de forma solidaria. Muchos de mis amigos y familiares estuvieron activos el día y las semanas siguientes a la muerte de cada una de mis esposas. Otros me llamaron meses después para pedirme que saliéramos a pasear y hablar, o que saliéramos a comer. Mi familia hablaba abiertamente entre sí y conmigo de los recuerdos de su madre y de lo mucho que la echaban de menos. Mis conocidos me pedían a menudo que hablara públicamente de mi proceso de duelo.

EL RESTO DE LA HISTORIA

La vida continúa. La mía, en efecto, ha progresado a buen ritmo. La prueba de que he "practicado lo que predico" sobre el proceso de duelo se hace evidente con la evolución de mi vida más allá de mi periodo de duelo. Soy la prueba viviente de que las sugerencias que has leído en este libro funcionan y tienen mérito.

Documenté los puntos de progreso en el proceso de duelo y curación escribiendo un "informe de progreso" para mis hijos. Este diario público sirvió como herramienta para enseñar a la familia sobre el duelo y como registro de mi superación.

Un año después de la muerte de Judith, tras una gran redefinición de quién soy, mis emociones y mi enfoque personal empezaron a establecerse en un nuevo nivel. Me fijé la meta de escribir este libro. Recibí una descripción de trabajo renovada en mi carrera profesional. Me mudé de la casa donde murió Judith. Con la ayuda de una de mis hijas, creé un perfil en Christian Mingle.

Cada uno de los nuevos y sólidos avances en mi vida fue posible gracias a que mis emociones tuvieron un tiempo claro y amplio para pasar el duelo por completo ya que me "incliné" hacia el proceso y tuve a mi alrededor a personas que me permitieron hacerlo con su apoyo.

Muchos de estos cambios me han dado una vida nueva, plena y con propósito. En primer lugar, conocí a Crystal Wacker. ¡Qué mujer! Ella ha entrado en mi vida con un amor y un ingenio que ilumina cada día. Nuestro matrimonio ha completado mi vida a un nivel totalmente nuevo. Su apoyo en mis retos y logros personales ha sido invaluable. Además de su trabajo continuo como editora de la revista Reach Up, me ayuda en mis escritos y charlas.

Confío en que, gracias a la información de este libro, habrás conseguido una mejor idea de cómo ser un gran amigo para un doliente. Y te invito a marcar la diferencia en las vidas de aquellos que han experimentado una pérdida. Si deseas compartir este material con un mayor número de personas, **estoy a tu disposición para dar charlas en conferencias, reuniones y capacitación a empleados.**

Agradecimientos

Escribir este libro fue emocionalmente muy complicado para mí. Tuve que extenderlo durante un largo periodo de tiempo debido al estrés emocional que experimenté para poder recordar y expresar con claridad cómo fue mi duelo. Quiero dar las gracias a muchos de mis amigos que no dejaron de animarme durante estos meses de trabajo para que siguiera adelante y destacaron el gran valor que tendrá esta información para muchas personas.

Escribir el libro fue sólo una parte del proceso. La edición y la producción real de este libro requirió la colaboración de un grupo de personas muy dedicadas, a las que quiero reconocer. Becky Norwood ha sido muy valiosa en la ejecución de la promoción y la publicación. Además, quiero expresar un sincero agradecimiento a quienes han sido de gran ayuda en el proceso de edición. Gracias a Steve y Cindy Wright, Kathy Gibbens, Rosie Cochran y Rhonda Brown por sus aportes reflexivos y profesionales.

Una nota especial de amor y agradecimiento va dirigida a mi esposa, Crystal Wacker Knapp, que ha sido una gran animadora en los últimos tiempos y que ha puesto tanto empeño en el proceso editorial. Gracias, muñeca.

Bibliografía

Aldrich, Sandra. *Living Through the Loss of Someone You Love.* Ventura: Regal Books, 1990.

Athan, Lisa. "Don't Say to a Griever..." *Grief Speaks* Blog, October 2014, available at http://www.griefspeaks.com.

Drakeford, John W. *Holman Bible Dictionary.* Nashville: Broadman & Holman, 1991.

Elliot, Elizabeth. *Loneliness.* Nashville: Thomas Nelson, 1988.

Garfinkl, Perry. "Men in Grief Seek Others Who Mourn" *New York Times,* July 25, 2011

Groves, Elizabeth W.D. *Becoming a Widow.* Greensboro: New Growth Press, 2012.

Haugk, Kenneth C. *Don't Sing Songs to a Heavy Heart.* St Louis: Stephen Ministries, 2004.

"How to Help a Bereaved Parent" WikiHow, May 2014, available at http://wikihow.com.

James, John W. and Russell Friedman. *The Grief Recovery Handbook.* New York: Harper Collins, 1998.

Kaplan, Robbie Miller. *How to Say it When You Don't Know What to Say.* New York: Penguin Group USA, 2004.

Karn, Theresa. "If You Are Grieving The Loss of a Spouse, Here are Some Approaches to Help You Heal" Carizon Family and Community Services, April 27, 2013

Klein, Ezra. "Joe Biden's 2012 Advice to Grieving Families is All the More Poignant Now" May 31, 2015, available at http://www.vox.com /2015/5/30/8693325/joe-biden-beau

Konigsberg, Ruth Davis. "5 Surprising Truths About Grief" AARP, March 14, 2011

The Maxwell Leadership Bible: New King James Version. John C. Maxwell, Executive Editor. Nashville: Thomas Nelson, 1982.

Means, James E. A *Tearful Celebration.* Portland: Multnomah Press, 1985.

Mourning Matters Ministry, Spring 2013

O'Rourke, Meghan and Leeat Granek. "How to Help Friends in Mourning" August 4, 2011, available at http://meghanorourke.net/

Parker-Pope, Tara. "Mourning the Death of a Pet" *New York Times,* April 21, 2010. Available at http://well.blogs.nytimes.com/2010/04/21/mourning-the-death-of-a-pet/

Parkins, Daniel. *Nineteen Days.* Mustang: Tate Publishing, 2013.

Parrish, Archie. "Mourn with Those Who Mourn" *Tabletalk magazine,* 2007.

Price, Tabitha Joy. *Joy Comes in the Mourning.* Mustang: Tate Publishing, 2012.

Rapp, Emily. "What Not to Say to a Grieving Parent" Role Reboot, February 20, 2013. available at http://www.rolereboot.org/life/details/2013-02-what-not-to-say-to-a-grieving-parent

Rohrer, Finlo. "How Much Can You Mourn a Pet?" *BBC News Magazine,* January 13, 2010. available at http://news.bbc.co.uk/2/hi/uk_news/magazine/8454288.stm

"Sex Differences in Prolactin Change During Mourning" *Journal of Psychosomatic Research.* 1987.

Sittser, Jerry. *A Grace Disguised.* Grand Rapids: Zondervan, 2004.

Swift, Joy. "How to Survive the Death of a Child" *Signs of the Times Magazine,* December 1987.

Trotter, Jonathan. "Outlawed Grief, a Curse Disguised" *A Life Overseas,* December 22, 2013 available at http://www.alifeoverseas.com/outlawed-grief-a-curse-disguised.

Van Ens, Jack R. "Visiting the Grief-stricken" *Ministry Magazine,* September 1987.

Warren, Kay interviewed by Morgan Timothy C. "Kay Warren: A Year of Grieving Dangerously" *Christianity Today,* March 28, 2014

Warren, Rick. "In a Season of Loss, You Need God's People" Daily Hope with Rick Warren, May 21, 2014 available at http://rickwarren.org/devotional/english/in-a-season-of-loss-you-need-god-s-people

Wiles, Tiana and Jeremy. "Sex before Marriage Rewires Your Brain" May 13, 2015, available at http://www.charismanews.com/culture/49599-sex-before-marriage-rewires-your-brain

Wintz, Susan and Earl Cooper. *Cultural & Spiritual Sensitivity – A Learning Module for Health Care Professionals.* New York: HealthCare Chaplaincy, 2009.

Wortman, Camille, Ph.D. "Offering Support to the Bereaved: What Not to Say" *This Emotional Life Blog,* October 2014, available at http://www.pbs.org.

Young, Ed, Ph.D. "7 Things Not to Say to a Grieving Person" May 2014, available at http://www.crosswalk.com.

"Your Journey From Mourning to Joy" Grief Share, Wake Forest: Church Initiative, 2006.

Sigamos Adelante

Como a David Knapp le apasiona ayudar a la mayor cantidad de gente posible sobre el material de este libro, se pone a disposición de cualquier persona que trate con público regularmente, así como de todos los que nos relacionamos con amigos y familiares.

Como orador y comunicador capaz, David Knapp está disponible para hacer presentaciones públicas y seminarios - de apertura, de medio día o de día completo - para varios lugares y audiencias.

Para reservar una cita, puedes llamar al (866)-596-0470 o ir a la página web:

http://griefreliefministries.com/speaking-engagements/

Mantente atento a la publicación de los próximos libros de David. **A Journal Guide for Grievers y también A Spiritual Devotional Guide for those Grieve a Loss** en el sitio web; www.griefreliefministries.com/book

Otras formas de conectar con David son:

twitter.com/david_knapp1

facebook.com/griefreliefmin

youtube.com/griefreliefministry

linkedin.com/in/griefreliefministries

LO QUE OTROS OPINAN

"David Knapp me ha dado una visión totalmente nueva sobre cómo hablar con un amigo o familiar en duelo. Comparte la experiencia de sus propias pérdidas; nos ayuda a entender cómo podemos ser un mejor amigo para aquellos que están viviendo una pena. ¿Cuántas veces me he dicho que odio los funerales porque nunca sé qué decir a ese amigo o familiar que acaba de perder a un ser querido?"

"David Knapp me ha mostrado que está bien hablar del ser querido fallecido, o hablar con alguien que acaba de perder un trabajo o un mejor amigo, porque perder un trabajo o un amigo puede ser tan devastador como perder a alguien por muerte. Recomiendo encarecidamente este libro a cualquiera que haya dicho o pensado alguna vez: "No sé qué decirle a un amigo o familiar en duelo"."

— **CAROLYN WALKER**, Ex Senadora del Estado de Arizona

"Leí el libro de David una semana después de la muerte de mi esposa de 55 años. Sus ejemplos me parecieron útiles y honestos. Animaría a cualquier persona que haya sufrido una pérdida a leer este libro".

— **DANIEL E. TAUBE**, Misionero Jubilado de NTM

"¿Alguna vez te has sentido incómodo al intentar ayudar a alguien que está sufriendo una pérdida? ¿Alguna vez te has "echado para atrás" porque no sabías cuál era la mejor manera de ser un apoyo y no querías empeorar la situación? Pocos de nosotros sabemos qué decir o hacer para ofrecer un verdadero consuelo, es decir, hasta ahora. A través de su propio y sincero dolor, David se ha superado, desglosando el proceso para nosotros y proporcionando una hoja de ruta para cualquiera que quiera "estar ahí" para una persona que sufre. Dado que la pérdida nos afecta a todos en un momento u otro, este libro ha de ser una herramienta muy útil."

— **BRENDA TERPSTRA**, Profesora Jubilada

"Ya sea que hayas escuchado a David Knapp en persona o leído sus escritos, recibirás consuelo y bendiciones en tu camino hacia el duelo. Gracias a las propias experiencias de David con las pérdidas, él está dispuesto y es capaz de llevarte a lo más profundo de tu propia pérdida y al final del día, te ayudará de la mejor manera posible. Mediante las enseñanzas de David Knapp puedes ser de gran ayuda para aquellos que conoces y que están pasando por el proceso de duelo y ayudarles a terminarlo de forma plena."

— **DON GUTWEIN**, Capellán de Hospicio

Desde compartir su travesía de dolor con otros hasta "predicar con el ejemplo" diariamente, David Knapp comunica claramente lo que es experimentar y crecer a través del dolor. David no sólo es capaz de contar su propia historia, sino que puede escuchar y empatizar con el dolor de los demás. Tiene una actitud amable y piadosa que anima y da esperanza a aquellos que están luchando por sí mismos o que están tratando de caminar junto a alguien que está luchando. Lo recomiendo encarecidamente como orador y profesor".

— **SUSAN BARRETT,** Administradora Jubilada y Profesora Adjunta

"Recomiendo encarecidamente a la organizaión Grief Relief Ministries de David Knapp para cualquiera que haya experimentado cualquier tipo de pérdida o tragedia que haya provocado un profundo dolor y sufrimiento. La habilidad del Sr. Knapp para relacionarse, entender y comunicar el proceso de recuperación del dolor es nada menos que un verdadero regalo de Dios. También tiene una capacidad asombrosa para comunicarse con audiencias de cualquier tamaño o grupo demográfico de una manera que es refrescante y edificante, incluso frente a un tema extremadamente pesado. Personalmente le he visto comunicarse y conectar de manera efectiva con audiencias de tan solo cinco personas y tan grandes como 5.000 personas. Se siente cómodo y seguro independientemente del público que se le ponga delante. Por favor, búsquenlo si ustedes o alguien que conocen necesita aliviar su dolor".

— **NOBLE GIBBENS**, Comerciante, Empresario y Antiguo Oficial Militar de West Point

"Lo que hace que este libro sea tan útil es que se aplica a la pérdida -del divorcio, de los hijos e incluso de las mascotas- de forma muy completa. Yo lo llamaría un libro guía por su amplitud y profundidad. El autor afronta el duelo de forma directa. Sé que me he sentido muy incómodo al ver sufrir a grandes amigos en medio de una funeraria -o en el salón de su casa- y, de forma egoísta, he querido encontrar cualquier excusa para marcharme.

Pero este trabajo es diferente. No sólo te permite enfrentarte directamente a hablar de la pérdida de otra persona, sino que te da "herramientas" paso a paso para atender realmente a la persona. (Y sí, he visto a una persona aparentemente más destrozada por la pérdida de una mascota que por la pérdida de una persona. Este libro también ayuda para estos casos).

Mi propio problema ahora mismo es cómo regalar este libro. Pero es un tema muy necesario que pide ser tratado EXACTAMENTE como lo hace el autor. Claro, en más de 200 páginas, el lector experimentado posiblemente pueda ver cómo podría haber manejado una situación de manera diferente. Pero aquí, en un solo volumen, hay un libro que debería estar en todos los hogares. Se dice que las dos únicas cosas a las que nos enfrentamos con seguridad son la muerte y los impuestos. Este libro trata muy bien el primer tema y es una voz muy necesaria en un mundo incierto".

— **J. STEPHEN LANNING**

"Para algunos, es muy incómodo acercarse a un amigo afligido. Muchos no saben qué decir o qué hacer. Incluso para algunos médicos es algo difícil hacerlo". Aquí, David Knapp dice ingeniosamente: las palabras que se dicen con el corazón consuelan más a los afligidos que las que se dicen con la cabeza. Qué libro tan maravilloso".

— **HOMAYOUN SADEGHI**, MD

"El autor habla con franqueza sobre su experiencia de primera mano con la muerte y el proceso de morir, compartiendo su dolor personal, sus luchas y las lecciones aprendidas en su camino. Habla de cómo el miedo y el aislamiento suelen ir de la mano en el proceso de duelo. Ofrece una visión sobre la naturaleza de las múltiples capas del duelo y ayuda a los lectores a entender cómo pueden encajar mejor en caso de ayudar a otros a través de esas diversas capas.

Aunque el autor comparte su historia sobre el duelo por la pérdida de dos esposas después de una enfermedad, aprecio cómo incorpora también otras formas de muerte, agonía y pérdida. Estas pueden incluir el duelo por el abandono a causa de una adopción, la separación a causa de un aborto, la pérdida de hijos y amigos a causa de una enfermedad, un aborto espontáneo, o incluso la pérdida de una mascota, un trabajo o un sueño. También aborda las diferencias entre géneros, culturas y religiones para ayudar a los lectores a comprender las distintas perspectivas y visiones del mundo sobre la muerte y el morir.

En cada capítulo encontrará secciones con ayudas prácticas como "Puntos de reflexión" y "Qué decir" o "Qué no decir" a alguien durante el proceso de duelo, junto con otros consejos prácticos para superar las barreras que afectan al duelo saludable. Al final, el autor comparte cómo sus raíces personales de fe le ayudaron a cimentar y guiar a través de la inevitable realidad del duelo, la continuidad de la pérdida y el descubrimiento de una "nueva normalidad".

Este libro es práctico y útil para acompañantes, amigos o familiares de quienes experimentan algún tipo de duelo o pérdida, y para quienes están en posición de guiar o aconsejar a otros."

— **APRIL McCALLUM**, Abogada

www.ingramcontent.com/pod-product-compliance
Lightning Source LLC
Chambersburg PA
CBHW071529040426
42452CB00008B/935
9780997631050